TIMELESS LIVING
YEARBOOK 2022

BETΛ-PLUS

CONTENTS

AVANT-PROPOS

Nos Annuaires sont des best-sellers internationaux depuis 2019.

Dans cette quatrième édition entièrement nouvelle, l'*Annuaire 2022 - Maisons Intemporelles*, l'accent est mis sur les résidences privées classiques et intemporelles, l'intégration de matériaux de construction anciens, de bois et de pierres naturelles, de tissus et d'objets exclusifs, et la restauration de maisons et de fermes.

L'*Annuaire 2022 - Maisons Contemporaines* paraît simultanément et met l'accent sur le design de haut niveau, une architecture, des intérieurs et des espaces extérieurs à la fois élégants et chaleureux.

Les deux Annuaires se complètent parfaitement et offrent ensemble une selection exceptionnelle de dizaines de villas, des maisons de campagne, maisons de ville et des appartements et lofts récemment achevés.

Tous les architectes, architectes d'intérieur et artisans des deux éditions garantissent des années d'expérience, un savoir-faire exceptionnel et une créativité adaptée à leurs clients.

Nous vous souhaitons beaucoup d'inspiration !

Wim Pauwels
Editeur

VOORWOORD

Onze Jaarboeken zijn al sinds 2019 internationale bestsellers.

In deze vierde, volledig nieuwe editie, het *Jaarboek 2022 - Tijdloos Wonen* ligt de nadruk op klassieke, tijdloze woningen, de integratie van antieke bouwmaterialen, hout en natuursteen, exclusieve stoffen en objecten, de restauratie van woningen en hoeves.

Het *Jaarboek 2022 - Hedendaags Wonen* verschijnt gelijktijdig en legt de nadruk op topdesign, strakke maar toch warme architectuur, interieurs en outdoor wonen.

Beide Jaarboeken vullen elkaar uitstekend aan en bieden samen een bijzondere selectie van tientallen recent afgewerkte villa's, landhuizen, herenwoningen en appartementen.

Alle architecten, interieurontwerpers en artisans uit beide edities staan garant voor jarenlange ervaring, uitzonderlijk vakmanschap en creativiteit op maat van hun klanten.

We wensen u veel inspiratie!

Wim Pauwels
Uitgever

FOREWORD

Our Yearbooks have been international bestsellers since 2019.

In this fourth, completely new edition, the *Yearbook 2022 - Timeless Living*, the focus is on classic, timeless homes, the integration of antique building materials, wood and natural stone, exclusive fabrics and objects, and the restoration of homes and farms.

The *Yearbook 2022 - Contemporary Living* appears simultaneously and focuses on top design, sleek yet warm architecture, interiors and outdoor living.

Both Yearbooks complement each other perfectly and together offer a special selection of dozens of recently finished villas, country houses, town houses, apartments and lofts.

All architects, interior designers and artisans in both editions guarantee years of experience, exceptional craftsmanship and creativity tailored to their clients' needs.

We wish you much inspiration!

Wim Pauwels
Publisher

COMING HOME
IN AUTHENTICITY

Interior design company Fierens was commissioned to breathe new life into a 19th century country house near Brussels. Preserving the authenticity of the building was the main task. Inside and outside. What followed was an ambitious renovation.

A team of passionate interior architects created the overall design of this project. Well-thought-out design leaves its mark on the interior design.

Craftsmen pur sang carried out all the interior carpentry work. The craftsmanship is visible everywhere.

Each room in the house has its own function and offers the necessary privacy.

At the same time, the house forms a coherent whole where it is pleasant to live and where one really lives. As a family, with family and friends. This explains the large and central dining table. The table and the kitchen are the meeting place and eye-catchers of the house. They are silent witnesses of refined craftsmanship.

The craftsmanship goes hand in hand with discreet luxury through the use of noble yet unpretentious materials such as bronzed brass, solid walnut, smoked oak, various natural stones, saddle leather, etc.

The materials accentuate the interior design. Various works of art are discreetly present. This creates a harmonious end result that «fits like a glove».

---

www.fierens.com

PHOTOGRAPHY: Thibault De Schepper

Interieurbedrijf Fierens kreeg de opdracht om een 19de-eeuws landhuis nabij Brussel nieuw leven in te blazen. De authenticiteit van het pand bewaren was de hoofdopdracht. Binnen én buiten. Wat volgde was een ambitieuze renovatie.

Een team van gedreven interieurarchitecten creëerde het totaalontwerp van dit project. Doordacht design drukt een stempel op de binnenhuisinrichting.

Ambachtsmannen pur sang voerden alle binnenschrijnwerk uit. Het vakmanschap is overal zichtbaar.

Elke ruimte in huis heeft een eigen functie en biedt de nodige privacy.

Tegelijkertijd vormt de woning een coherent geheel waar het aangenaam wonen is en waar écht geleefd wordt. Als gezin, met familie en vrienden. Dat verklaart de grote en centrale eettafel. De tafel en de keuken zijn dé ontmoetingsplaats en blikvangers van de woonst. Ze zijn stille getuigen van geraffineerd vakmanschap.

Het vakmanschap gaat gepaard met discrete luxe door het gebruik van nobele doch pretentieloze materialen zoals verbronsde messing, massieve notelaar, gerookte eik, verschillende natuurstenen, zadelleder etc.

De materialen accentueren het interieurontwerp. Diverse kunstwerken zijn discreet aanwezig. Hierdoor ontstaat een harmonieus eindresultaat dat "past als gegoten".

———————————

www.fierens.com

L'entreprise de décoration intérieure Fierens a été chargée de redonner vie à une maison de campagne du XIXe siècle située près de Bruxelles. Préserver l'authenticité du bâtiment était la tâche principale. Intérieur et extérieur. Une rénovation ambitieuse s'ensuivit.

Une équipe d'architectes d'intérieur passionnés a créé le design global de ce projet. Un design bien pensé laisse sa marque sur l'aménagement intérieur.

Les artisans pur sang ont réalisé tous les travaux de menuiserie intérieure. Le savoir-faire artisanal est visible partout.

Chaque pièce de la maison a sa propre fonction et offre l'intimité nécessaire.

En même temps, la maison forme un ensemble cohérent où il est agréable de vivre et où l'on vit vraiment. En famille, avec la famille et les amis. Cela explique la grande table à manger centrale. La table et la cuisine sont les lieux de rencontre et les points d'attraction de la maison. Ils sont les témoins silencieux d'un artisanat raffiné.

Le savoir-faire artisanal va de pair avec un luxe discret grâce à l'utilisation de matériaux nobles mais sans prétention tels que le laiton bronzé, le noyer massif, le chêne fumé, diverses pierres naturelles, le cuir de selle, etc.

Les matériaux accentuent le design intérieur. Diverses œuvres d'art sont discrètement présentes. Cela crée un résultat final harmonieux qui «va comme un gant».

---

www.fierens.com

SECOND YOUTH

This contemporary house, which despite its simplicity and clean lines stands out amidst the bronze-green oak wood in the Limburg forests, opens the door to a second youth for an elderly couple.

The house is a co-creation of Moka Projects with ILB architects and exudes a timeless aura that blends discreetly and uniquely with the surrounding nature. The spotted woodpecker is a welcome guest.

Thanks to the stylish glass sections, every season is experienced in a particularly intense, almost tangible way. The light, the sky and the trees reconcile outside with inside and vice versa.

The house, which accommodates top-class bespoke crafts-manship, is of course equipped with every comfort. Beautiful and timeless furniture, sober colours and exquisite objects delight everyone's eyes.

www.moka-projects.com
www.ilbarchitecten.be

Dit eigentijdse huis dat ondanks haar eenvoud en strakke lijnen opvalt te midden het bronsgroen eikenhout in de Limburgse bossen, opent de deur naar een tweede jeugd voor een koppel op leeftijd.

De woning is een co-creatie van Moka Projects met ILB-architecten en ademt een tijdloze aura, die even discreet als uniek versmelt met de omliggende natuur. De bonte specht is er een graag geziene gast.

Dankzij stijlvolle glaspartijen wordt elk seizoen hier bijzonder intens, haast tastbaar beleefd. Het licht, de lucht en de bomen verzoenen buiten met binnen en omgekeerd.

Het huis dat prachtig maatwerk van topniveau herbergt, is uiteraard voorzien van alle comfort. Mooi en tijdloos meubilair, sobere kleuren en exquise objecten verwennen ieders blik.

---

www.moka-projects.com
www.ilbarchitecten.be

Cette maison contemporaine, qui se distingue par sa simplicité et ses lignes épurées au milieu des chênes vert bronze des forêts du Limbourg, ouvre la porte d'une seconde enfance à un couple de personnes âgées.

La maison est une co-création de Moka Projects avec ILB architects et dégage une aura intemporelle qui s'intègre discrètement et de manière unique dans la nature environnante. Le pic épeiche est un invité bienvenu.

Grâce aux élégantes sections en verre, chaque saison est vécue de manière particulièrement intense, presque tangible. La lumière, le ciel et les arbres réconcilient l'extérieur avec l'intérieur et vice versa.

La maison, qui permet une personnalisation de haut niveau, est bien sûr équipée de tout le confort. Un mobilier beau et intemporel, des couleurs sobres et des objets exquis ravissent les yeux de tous.

––––––––––––––––

www.moka-projects.com
www.ilbarchitecten.be

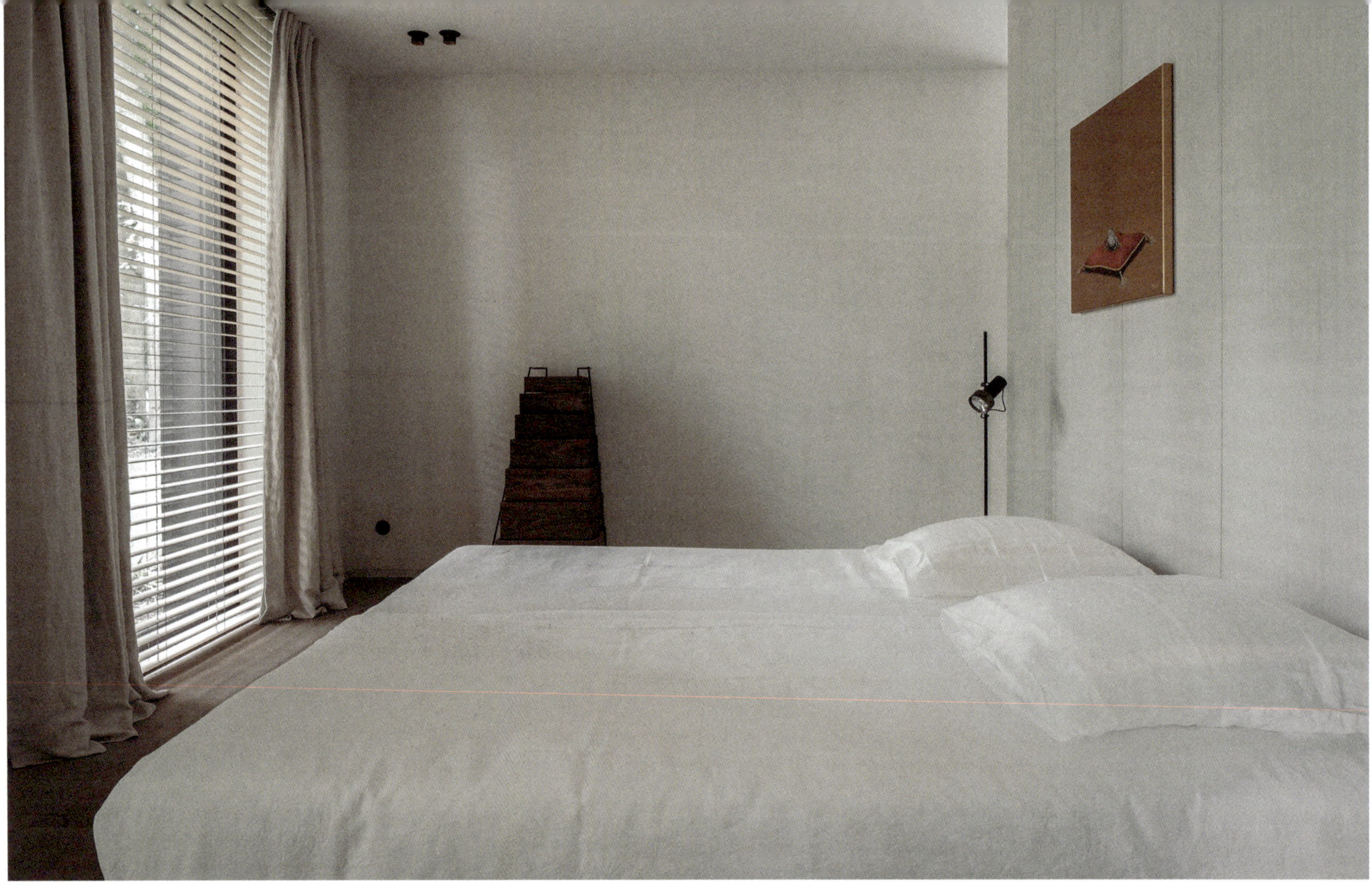
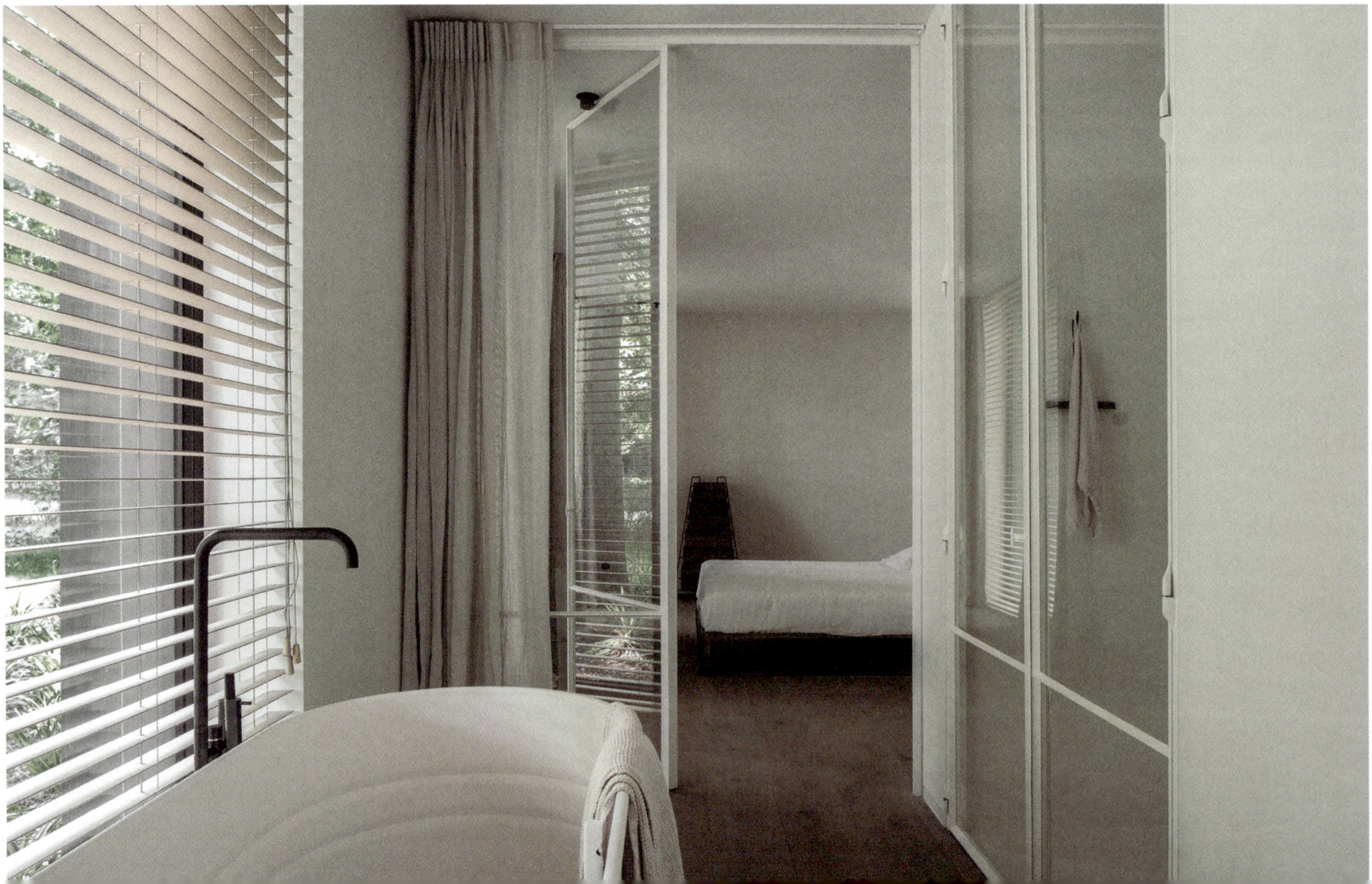

CONTEMPORARY
FURNITURE
WITH WARMTH AND SOUL

Clear lines, well-designed furniture and noble materials: this is what characterises XVL.

Xavier van Lil, a trained designer and architect, started his own brand in 2003.

His universe is expressed through refined, warm and intimate interiors. His collections reflect a studied minimalism and refinement down to the smallest detail.

More than just furniture, the XVL collection brings us back to the essential values of aesthetics, comfort and the art of living, where the nobility of the materials - wood in particular - and the purity of the lines give each piece of furniture a magnificent freedom of interpretation. The brand offers contemporary and warm interior and exterior design concepts that remain timeless.

With an international presence and mainly export sales, the Belgian brand decided in early 2020 to open a new showroom in Brussels, located on the prestigious Avenue Louise. This vast and luminous space of 350m² varies according to the seasons and changes its collections twice a year, also revisiting its classics. Designed as a real living room, the showroom is open to professionals and private individuals and also houses a design studio for the realisation of all fittings.

All of the furniture and seating can be adapted endlessly according to taste or the layout of the space, but also in a multitude of fabrics and materials, particularly marble and leather.

With its timeless yet contemporary collection, XVL offers the perfect balance between aesthetics and comfort.

----

www.xvl.eu

PHOTOGRAPHY: Gaétan Francken / Philippe D. Photography

Heldere lijnen, goed ontworpen meubilair en edele materialen: dat is wat XVL kenmerkt.

Xavier van Lil, een opgeleide ontwerper en architect, begon zijn eigen merk in 2003.

Zijn universum komt tot uiting in verfijnde, warme en intieme interieurs. Zijn collecties weerspiegelen een bestudeerd minimalisme en raffinement tot in het kleinste detail.

De XVL collectie is meer dan een meubel en brengt ons terug naar de essentiële waarden van esthetiek, comfort en levenskunst, waarbij de edelheid van de materialen - in het bijzonder hout - en de zuiverheid van de lijnen aan elk meubel een grote vrijheid van interpretatie geven. Het merk biedt eigentijdse en warme interieur- en exterieurdesignconcepten die tijdloos blijven.

Met een internationale aanwezigheid en voornamelijk exportverkoop, besloot het Belgische merk begin 2020 om een nieuwe showroom te openen in Brussel, gelegen aan de prestigieuze Louizalaan. Deze grote en lumineuze ruimte van 350 m^2 varieert naar gelang van de seizoenen en wisselt twee keer per jaar van collectie, waarbij ook de klassiekers opnieuw aan bod komen. De showroom is ontworpen als een echte huiskamer en staat open voor professionals en particulieren. Hiernaast heeft XVL ook zijn eigen ontwerpbureau voor de realisatie van alle inrichtingen.

Alle meubelen en zitmeubelen kunnen eindeloos worden aangepast aan de smaak of de indeling van de ruimte, maar ook in een variatie van stoffen en materialen, met name marmer en leder.

Met zijn tijdloze en toch eigentijdse collectie biedt XVL het perfecte evenwicht tussen esthetiek en comfort.

---

www.xvl.eu

Lignes claires, meubles bien dessinés et matériaux nobles : voilà ce qui caractérise XVL.

Ayant fait ses armes dans le monde de l'antiquité, Xavier van Lil, designer et architecte de formation, décide de créer sa propre marque en 2003.

Son univers s'exprime à travers des intérieurs raffinés, chaleureux et intimes. Ses collections traduisent des meubles au minimalisme étudié et raffinés jusque dans les moindres détails.

Plus que du mobilier, la collection XVL nous ramène à des valeurs essentielles d'esthétisme, de confort et d'art de vivre où la noblesse des matériaux - le bois en particulier - et la pureté des lignes donnent à chaque meuble une magnifique liberté d'interprétation. La marque propose des concepts d'aménagements intérieurs et extérieurs contemporains et chaleureux, tout en restant intemporels.

Dotée d'une présence internationale et réalisant principalement son chiffre d'affaires à l'export, la marque belge décide début 2020 d'inaugurer un nouveau showroom bruxellois, situé sur la prestigieuse avenue Louise. Ce vaste espace lumineux de 350m2 varie selon les saisons et change ses collections deux fois par an, en revisitant aussi ses classiques. Pensé comme des véritables pièces à vivre, le showroom est ouvert aux professionnels et aux particuliers et abrite également un bureau d'études pour la réalisation de tous les aménagements.

Toutes les pièces de mobilier et d'assises peuvent être déclinées à l'infini selon les goûts ou la disposition de l'espace mais aussi dans une multitude de tissus et de matières, notamment des marbres et des cuirs.

Avec sa collection à la fois intemporelle et contemporaine, XVL propose le parfait équilibre entre l'esthétique et la convivialité.

———————————————

www.xvl.eu

NOBLE PROPORTIONS, HONEST MATERIALS

Mandy Graham's recently completed residential project in Manhattan Beach, California is the result of an ambitious renovation. The challenge was to reinvent one's perspective on 1980's Postmodern architecture. The distinct and complementary geometry inside was articulated by creating a series of plaster arches juxtaposed by architectural blocks of stone.

Between volume and intimacy, sophistication and simplicity, the home brings together the noble character of neutral materials and contrasting textures. European white oak floors and pitted Travertine separate the plaster floors and walls by adding warmth and contrast. The carefully selected materials were prized not solely for their elegance, but also for their natural properties with the intention that they should weather and embellish with time.

Graham mindfully re-positioned the kitchen beneath the dramatic ceiling heights and skylights of the home's former family room. Graham designed the cabinetry with the same attention to detail as she demonstrates in her furniture collections. The epicurean kitchen features an island of travertine blocks that were thoughtfully positioned with the intent to embrace counter seating, concealed storage and workspace from all sides. Design and functionality co-exist with back-lit aluminum shelving, concealed ovens and integrated refrigeration.

Visible from the kitchen, the cozy yet dramatic dining room separates the living room from the kitchen and by default embodies the heart of the home. The architectural elements of Travertine are repeated once again beneath the windows and adorned within the illuminated arches.

The goal in such projects for Graham is to respect the rules of great architecture: noble proportions and honesty of materials. The results are a noteworthy example of timeless beauty.

---

www.mandygraham.com

PHOTOGRAPHY: Manolo Langis

Het onlangs voltooide woonproject van Mandy Graham in Manhattan Beach, Californië, is het resultaat van een ambitieuze renovatie. De uitdaging was om het perspectief op de postmoderne architectuur van de jaren 1980 opnieuw uit te vinden. De complementaire geometrie binnenin werd gearticuleerd door een reeks gipsen bogen te creëren, naast architecturale blokken van steen.

Tussen volume en intimiteit, verfijning en eenvoud, verenigt het huis het nobele karakter van neutrale materialen en contrasterende texturen. Europese witte eiken vloeren en Travertin scheiden de gipsen vloeren en muren door warmte en contrast toe te voegen. De zorgvuldig geselecteerde materialen werden niet alleen geprezen om hun elegantie, maar ook om hun natuurlijke eigenschappen, met de bedoeling dat ze met de tijd zouden verweren en verfraaien.

Graham heeft de keuken zorgvuldig geherpositioneerd onder de dramatische plafondhoogte en dakramen van de voormalige familiekamer van het huis. Ze ontwierp de kasten met dezelfde aandacht voor detail als in haar meubelcollecties. De keuken heeft een eiland van Travertinblokken die zo zijn geplaatst dat er aan alle kanten zitruimte, verborgen opbergruimte en werkruimte is. Design en functionaliteit gaan hand in hand met verlichte aluminium rekken, verborgen ovens en geïntegreerde koeling.

Zichtbaar vanuit de keuken scheidt de gezellige maar dramatische eetkamer de woonkamer van de keuken en belichaamt standaard het hart van het huis. De architecturale elementen van Travertijn worden nog eens herhaald onder de ramen en de verlichte bogen.

Het doel bij dergelijke projecten voor Graham is om de regels van de grote architectuur te respecteren: nobele proporties en eerlijkheid van materialen. Het resultaat is een opmerkelijk voorbeeld van tijdloze schoonheid.

---

www.mandygraham.com

Ce projet résidentiel de Mandy Graham, récemment achevé à Manhattan Beach, en Californie, est le résultat d'une rénovation ambitieuse. Le défi consistait à réinventer la perspective de l'architecture postmoderne des années 1980. La géométrie distincte et complémentaire de l'intérieur a été articulée en créant une série d'arcs en plâtre juxtaposés à des blocs architecturaux en pierre.

Entre volume et intimité, sophistication et simplicité, la maison réunit le caractère noble des matériaux neutres et des textures contrastées. Les sols en chêne blanc européen et le Travertin séparent les sols et les murs en plâtre en apportant chaleur et contraste. Les matériaux soigneusement sélectionnés ont été appréciés non seulement pour leur élégance, mais aussi pour leurs propriétés naturelles, dans l'intention qu'ils subissent le temps et s'embellissent avec le temps.

Graham a soigneusement repositionné la cuisine sous les hauteurs de plafond spectaculaires et les puits de lumière de l'ancienne salle familiale de la maison. Graham a conçu les armoires avec le même souci du détail que celui dont elle fait preuve dans ses collections de meubles. La cuisine épicurienne est dotée d'un îlot en blocs de travertin qui ont été judicieusement positionnés dans le but d'offrir des sièges de comptoir, des rangements dissimulés et un espace de travail de tous les côtés. Design et fonctionnalité coexistent avec des étagères en aluminium rétroéclairées, des fours dissimulés et une réfrigération intégrée.

Visible depuis la cuisine, la salle à manger, à la fois confortable et spectaculaire, sépare le salon de la cuisine et incarne par défaut le cœur de la maison. Les éléments architecturaux en Travertin sont répétés une fois de plus sous les fenêtres et ornés dans les arches lumineuses.

L'objectif de tels projets pour Graham est de respecter les règles de la grande architecture : noblesse des proportions et honnêteté des matériaux. Le résultat est un exemple remarquable de beauté intemporelle.

---

www.mandygraham.com

QUALITY, STYLE
AND ORIGINALITY

Buysse Home & Kitchen specialises in interior decoration, furniture, everything for the dining table and high-quality kitchen equipment.

The combination of stylish furniture and a clever selection of decorative objects invariably results in an interior with a warm character.

The furniture is timeless and selected so that different atmospheres can be created in an interior. Their range extends from smaller items such as decoration and kitchenware to furniture and everything for the laid table. All this in a contemporary setting where quality, style and originality are central.

The enthusiastic team with its many years of experience is always at the customer's disposal and gives personalised advice from start to finish.

Together with you, they will look for the ideal tableware, the piece of furniture with its adapted decoration or wall decoration so that it fits seamlessly into your interior and personality.

---

www.buysse-home-kitchen.be

PHOTOGRAPHY: Thibault De Schepper

Buysse Home & Kitchen is gespecialiseerd in binnenhuisdecoratie, meubelen, alles voor de gedekte tafel en kwaliteitsvol keukenmateriaal.

De combinatie van stijlvolle meubelen en een uitgekiende selectie van decoratieve objecten resulteert steevast in een interieur met een warm karakter.

De meubelen zijn tijdloos en geselecteerd zodat verschillende sferen kunnen gecreëerd worden in een interieur. Hun gamma strekt zich uit van kleinere artikelen zoals decoratie en keukengerei tot meubels en alles voor de gedekte tafel. Dit alles in een hedendaags kader waar kwaliteit, stijl en originaliteit centraal staan.

Het enthousiaste team met zijn jarenlange ervaring staat altijd klaar voor de klant en geeft gepersonaliseerd advies van begin tot eind.

Ze gaan samen met u op zoek naar het ideale servies, het meubelstuk met zijn aangepaste decoratie of wanddecoratie zodat het naadloos aansluit bij uw interieur en persoonlijkheid.

---

www.buysse-home-kitchen.be

Buysse Home & Kitchen est spécialisé dans la décoration d'intérieur, les meubles, tout ce qui concerne la table et les équipements de cuisine de haute qualité.

La combinaison d'un mobilier élégant et d'une sélection judicieuse d'objets décoratifs donne invariablement naissance à un intérieur au caractère chaleureux.

Les meubles sont intemporels et sélectionnés de manière à pouvoir créer différentes atmosphères dans un intérieur. Leur gamme s'étend des petits articles tels que la décoration et les ustensiles de cuisine aux meubles et à tout ce qui concerne la table dressée. Le tout dans un cadre contemporain où la qualité, le style et l'originalité occupent une place centrale.

L'équipe enthousiaste, forte de ses nombreuses années d'expérience, est toujours à la disposition du client et lui donne des conseils personnalisés du début à la fin.

Ils chercheront avec vous la vaisselle idéale, le meuble avec sa décoration adaptée ou la décoration murale pour qu'elle s'intègre parfaitement à votre intérieur et à votre personnalité.

———————————

www.buysse-home-kitchen.be

AN INTIMATE HOME
IN AMSTERDAM

With an eye for detail and an impeccable sense of styling, Anne Claus designs interiors that are recognisable through their dedication and individuality.

Passion for different periods and styles make her interiors exciting, not bound by trends and therefore timeless.

Her love for art, materials and textures permeate her interiors and lead to unexpected combinations, eventually forming a whole where everything coincides.

The photos of her recently finished home in Amsterdam Oud-Zuid (Old South) aptly illustrate her intimate, warm interior style.

---

www.anneclausinteriors.com

PHOTOGRAPHY: Thibault De Schepper

Met oog voor detail en een feilloos gevoel voor styling, ontwerpt Anne Claus interieurs die herkenbaar zijn door hun toewijding en eigenheid.

Passie voor diverse periodes en stijlen maken haar interieurs spannend, niet gebonden aan trends en daarmee tijdloos.

Haar liefde voor kunst, materialen en texturen werken door in haar interieurs en leiden tot onverwachte combinaties, zich uiteindelijk vormend tot een geheel waarbij alles met elkaar samen valt.

De foto's van haar recent afgewerkte eigen woning in Amsterdam Oud-Zuid illustreren treffend haar ingetogen, warme interieurstijl.

———————————————

www.anneclausinteriors.com

Soucieuse du détail et dotée d'un sens impeccable du style, Anne Claus conçoit des intérieurs reconnaissables à leur dévouement et à leur individualité.

Sa passion pour les différentes époques et styles rend ses intérieurs passionnants, non liés par les tendances et donc intemporels.

Son amour de l'art, des matériaux et des textures imprègne ses intérieurs et conduit à des combinaisons inattendues, pour finalement former un ensemble où tout coïncide.

Les photos de sa maison récemment achevée à Amsterdam Oud-Zuid (Vieux Sud) illustrent bien son style intérieur modeste et chaleureux.

---

www.anneclausinteriors.com

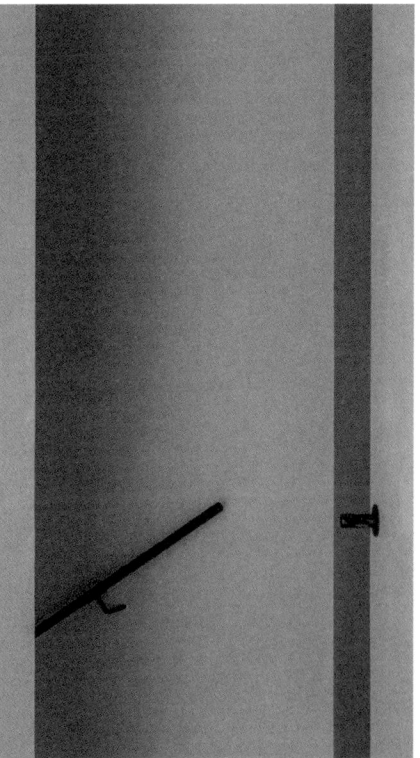

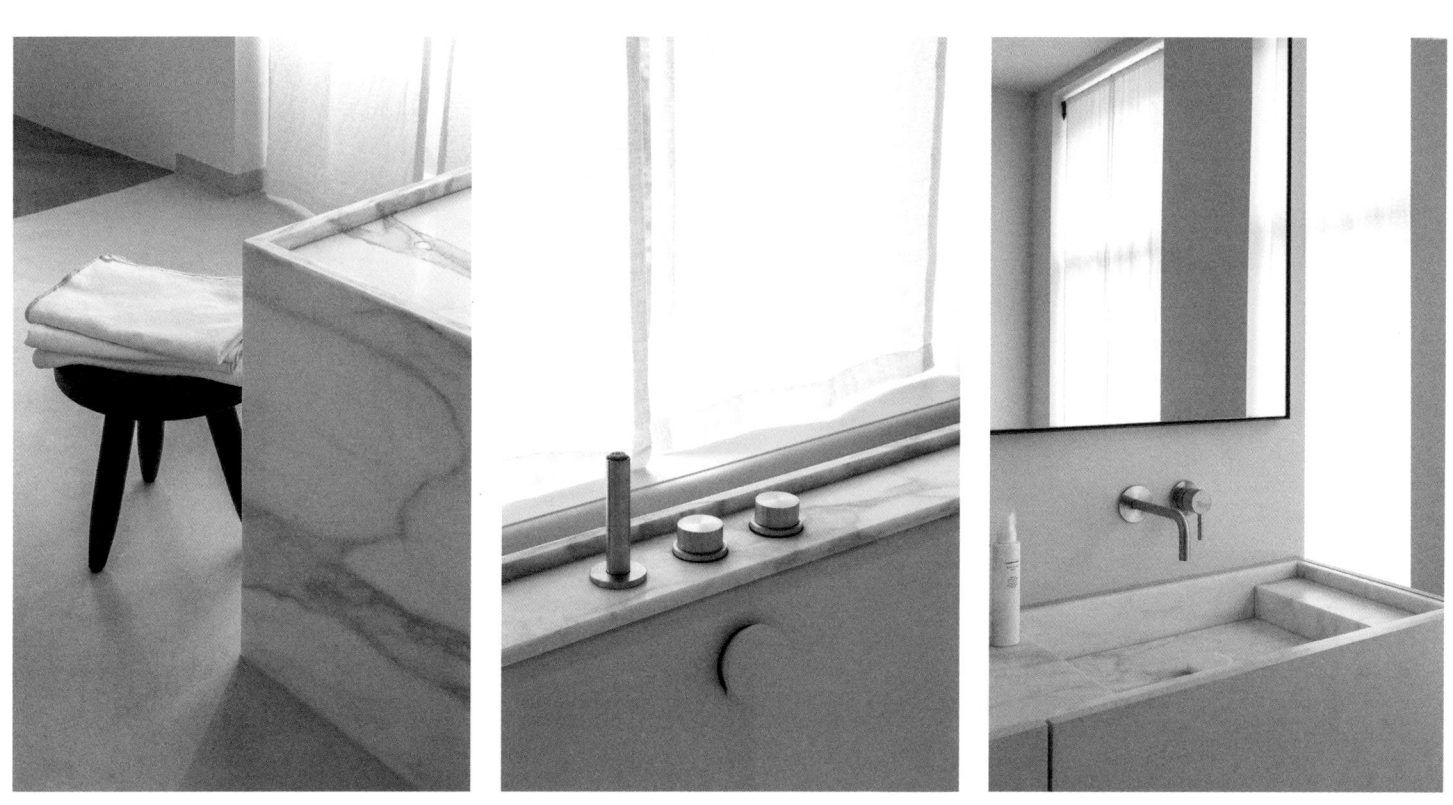

A VISIONARY DESIGNER FOR A FLEMISH COUNTRY HOUSE

Visionary architectural designer Thierry Lejeune enjoys particular fame and recognition in the residential luxury building world at home and abroad. He trained many designers and architects who, over the years, launched their own successful careers.

Thierry started in 1978 at the Vlassak-Verhulst construction company. There he quickly climbed to the top of the design office and eventually stayed on as head designer for thirty years. Vlassak-Verhulst then quickly became the most trend-setting exclusive villa construction company. During that period, Thierry created numerous new style concepts: rural and historical as well as modern and minimalistic. Vlassak-Verhulst gave him this great opportunity to develop architecturally.

However, Thierry Lejeune is not a qualified architect at all... He is more versatile and creative. He delegates the tasks of an architect to others, and as a visionary designer, takes care of the entire project, from the exterior to the total design, and even the art and decoration, often as a personal shopper for his clients. If required, he also designs the garden professionally with green fingers and great expertise. Above all, everything must be in perfect symbiosis. Therefore, Thierry often works together with other architects.

Thierry Lejeune learned his trade mainly from the late architect Raymond Rombouts, who was widely praised and remains Thierry's great teacher. He implemented his professional wisdom in his private commissions. Thierry himself remains modest and enjoys making friends with his clients. From this independent position, Thierry can create unique designs or just give advice, often working together with external architects or for his exclusive clients, in timeless, classic or rural as well as in residential contemporary design projects.

At the end of his career, Thierry still works selectively on...

For this rural Flemish country house, in the pearl of the Voorkempen, Thierry created both the interior and the garden. With historical accuracy and perfect proportions, and using old materials with a lived-in soul. This makes each project unique and timeless.

———————————

www.thierrylejeuneontwerpburo.be

Visionair architecturaal designer Thierry Lejeune geniet bijzondere faam en erkenning in de residentiële luxe bouwwereld in binnen- en buitenland. Hij leidde heel wat ontwerpers en architecten op die door de jaren heen toch hun eigen succesvolle carrière startten.

Thierry startte in 1978 bij bouwbedrijf Vlassak-Verhulst. Daar klom hij al snel naar de top van het ontwerpbureau en bleef er uiteindelijk dertig jaar als hoofdontwerper. Vlassak-Verhulst werd toen snel het meest trendsettende exclusieve villabouwbedrijf. In die periode creëerde Thierry talrijke nieuwe stijlconcepten: zowel landelijk en historisch als modern en minimalistisch. Vlassak-Verhulst gaf hem deze mooie kans om zich architecturaal te ontplooien.

Thierry Lejeune is nochtans helemaal géén gediplomeerd architect... Hij is veelzijdiger en creatiever. Hij delegeert de taken van de architect aan anderen, en verzorgt indien zijn klant dit wenst, als visionair designer het hele project, van exterieur tot totale inrichting, tot zelfs de kunst en decoratie, vaak als personal shopper voor zijn klanten. Daarnaast ontwerpt hij desgewenst ook professioneel de tuin met groene vingers en grote vakkennis. Alles moet vooral in perfecte symbiose staan. Thierry werkt hierdoor vaak samen met andere architecten.

Thierry Lejeune leerde zijn vakkennis vooral bij wijlen architect Raymond Rombouts, die alom geprezen werd en Thierry's grote leermeester blijft. Hij implementeerde diens vakwijsheid in zijn privé-opdrachten. Zelf blijft Thierry bescheiden en geniet hij van mooie vriendschappen onder zijn klanten. Vanuit deze zelfstandige positie kan Thierry, vaak samenwerkend met externe architecten, of voor zijn exclusieve klanten, unieke ontwerpen creëren of enkel advies geven, in zowel tijdloze, klassieke of landelijke als in residentiële hedendaagse designprojecten.

Fin de carrière, werkt Thierry nog steeds selectief verder...

Voor dit landelijk Vlaamse landhuis, in de parel der Voorkempen, creëerde Thierry zowel het interieur als de tuin. Met een historische juistheid en perfecte verhoudingen en gebruik makende van oude materialen met een doorleefde bezieling. Daardoor is elk project uniek en tijdloos.

———————————————

www.thierrylejeuneontwerpburo.be

Le concepteur architectural visionnaire Thierry Lejeune jouit d'une renommée et d'une reconnaissance particulières dans le monde de la construction résidentielle de luxe, en Belgique et à l'étranger. Il a formé de nombreux designers et architectes qui, au fil des ans, ont lancé leurs propres carrières avec succès.

Thierry a débuté en 1978 dans l'entreprise de construction Vlassak-Verhulst. Il y gravit rapidement les échelons du bureau d'études et y reste pendant trente ans en tant que designer en chef. Vlassak-Verhulst est alors rapidement devenue la société de construction de villas exclusives par excellence. Au cours de cette période, Thierry a créé de nombreux nouveaux concepts de style : rural et historique, mais aussi moderne et minimaliste. Vlassak-Verhulst lui a donné cette grande opportunité de se développer sur le plan architectural.

Pourtant, Thierry Lejeune n'est pas du tout un architecte qualifié... Il est plus polyvalent et créatif. Il délègue les tâches d'un architecte à d'autres et, en tant que concepteur visionnaire, s'occupe de l'ensemble du projet, de l'extérieur à la conception totale, et même de l'art et de la décoration, souvent comme un acheteur personnel pour ses clients. Si nécessaire, il conçoit également le jardin de manière professionnelle, avec des doigts verts et une grande expertise. Surtout, tout doit être en parfaite symbiose. C'est pourquoi Thierry travaille souvent en collaboration avec d'autres architectes.

Thierry Lejeune a appris son métier principalement auprès du regretté architecte Raymond Rombouts, qui a reçu de nombreux éloges et qui reste le grand maître de Thierry. Il a mis en œuvre sa sagesse professionnelle dans ses commissions privées. Thierry lui-même reste modeste et aime se lier d'amitié avec ses clients. De cette position indépendante, Thierry peut créer des designs uniques ou simplement donner des conseils, souvent en collaboration avec des architectes externes ou pour ses clients exclusifs, dans des projets intemporels, classiques ou ruraux ainsi que dans des projets résidentiels de design contemporain.

Fin de la carrière, Thierry travaille encore de manière sélective...

Pour cette maison de campagne flamande, dans la perle de la Campine, Thierry a créé à la fois l'intérieur et le jardin. Avec une précision historique et des proportions parfaites, et en utilisant des matériaux anciens avec une âme vécue. Cela rend chaque projet unique et intemporel.

---

www.thierrylejeuneontwerpburo.be

WELCOME HOME

Scapa Home started over 25 years ago as an expansion of Scapa fashion, which itself started in 1966.

The collection has grown from a sub-brand to become a full brand within the world of Scapa.

Now the label of Scapa Home represents the Scapa lifestyle beyond fashion while holding the same authentic values of quality and comfort close to heart.

From iconic butterfly chairs to tableware, from small furniture pieces to projects, Scapa Home developed a vast catalogue of interior and exterior designs and items.

Invite the spirit of Scapa into your home with the Scapa Home items, creating a welcoming environment.

The Scapa items guarantee outstanding quality in materials, craftsmanship and design, making it a worldwide trademark for quality and timelessness.

Backed by a rich heritage and years of experience, the dedicated Scapa Home team provides bespoke interior advice for all your projects from studio, house, loft to restaurant, B&B or hotel. Make an appointment to consult their professionals or to visit their showroom.

Scapa strives to make any space feel like home.

---

www.scapahome.com

Scapa Home begon meer dan 25 jaar geleden als een uitbreiding van Scapa mode, dat zelf in 1966 begon.

De collectie is uitgegroeid van een submerk tot een volwaardig merk binnen de wereld van Scapa.

Nu vertegenwoordigt het label Scapa Home de Scapa lifestyle buiten de mode om, terwijl het dezelfde authentieke waarden van kwaliteit en comfort hoog in het vaandel houdt.

Van iconische vlinderstoelen tot servies, van kleine meubelstukken tot projecten, Scapa Home ontwikkelde een uitgebreide catalogus van interieur en exterieur ontwerpen en items.

Breng de sfeer van Scapa in uw huis met de Scapa Home artikelen en creëer een gastvrije omgeving.

De Scapa artikelen staan garant voor uitstekende kwaliteit in materialen, vakmanschap en design, waardoor het een wereldwijd handelsmerk voor kwaliteit en tijdloosheid is geworden.

Gesteund door een rijk erfgoed en jarenlange ervaring, biedt het toegewijde Scapa Home team interieuradvies op maat voor al uw projecten van studio, huis, loft tot restaurant, B&B of hotel.

Maak een afspraak om hun professionals te raadplegen of om hun showroom te bezoeken.

Scapa streeft ernaar om elke ruimte als thuis te laten voelen.

---

www.scapahome.com

Scapa Home a vu le jour il y a plus de 25 ans en tant qu'extension de Scapa fashion, qui a elle-même débuté en 1966.

La collection est passée d'une sous-marque à une marque à part entière dans l'univers de Scapa.

Aujourd'hui, le label Scapa Home représente le style de vie Scapa au-delà de la mode, tout en gardant à cœur les valeurs authentiques de qualité et de confort.

Des chaises papillons iconiques aux articles de table, des petits meubles aux projets, Scapa Home a développé un vaste catalogue de designs et d'articles d'intérieur et d'extérieur.

Invitez l'esprit de Scapa dans votre maison avec les articles Scapa Home, en créant un environnement accueillant.

Les articles Scapa garantissent une qualité exceptionnelle des matériaux, de l'artisanat et du design, ce qui en fait une marque de qualité et d'intemporalité mondiale.

Forte d'un riche héritage et de nombreuses années d'expérience, l'équipe dévouée de Scapa Home fournit des conseils d'intérieur sur mesure pour tous vos projets, qu'il s'agisse d'un studio, d'une maison, d'un loft, d'un restaurant, d'un gîte ou d'un hôtel.

Prenez rendez-vous pour consulter leurs professionnels ou pour visiter leur showroom.

Scapa s'efforce de faire en sorte que chaque espace se sente comme chez soi.

———

www.scapahome.com

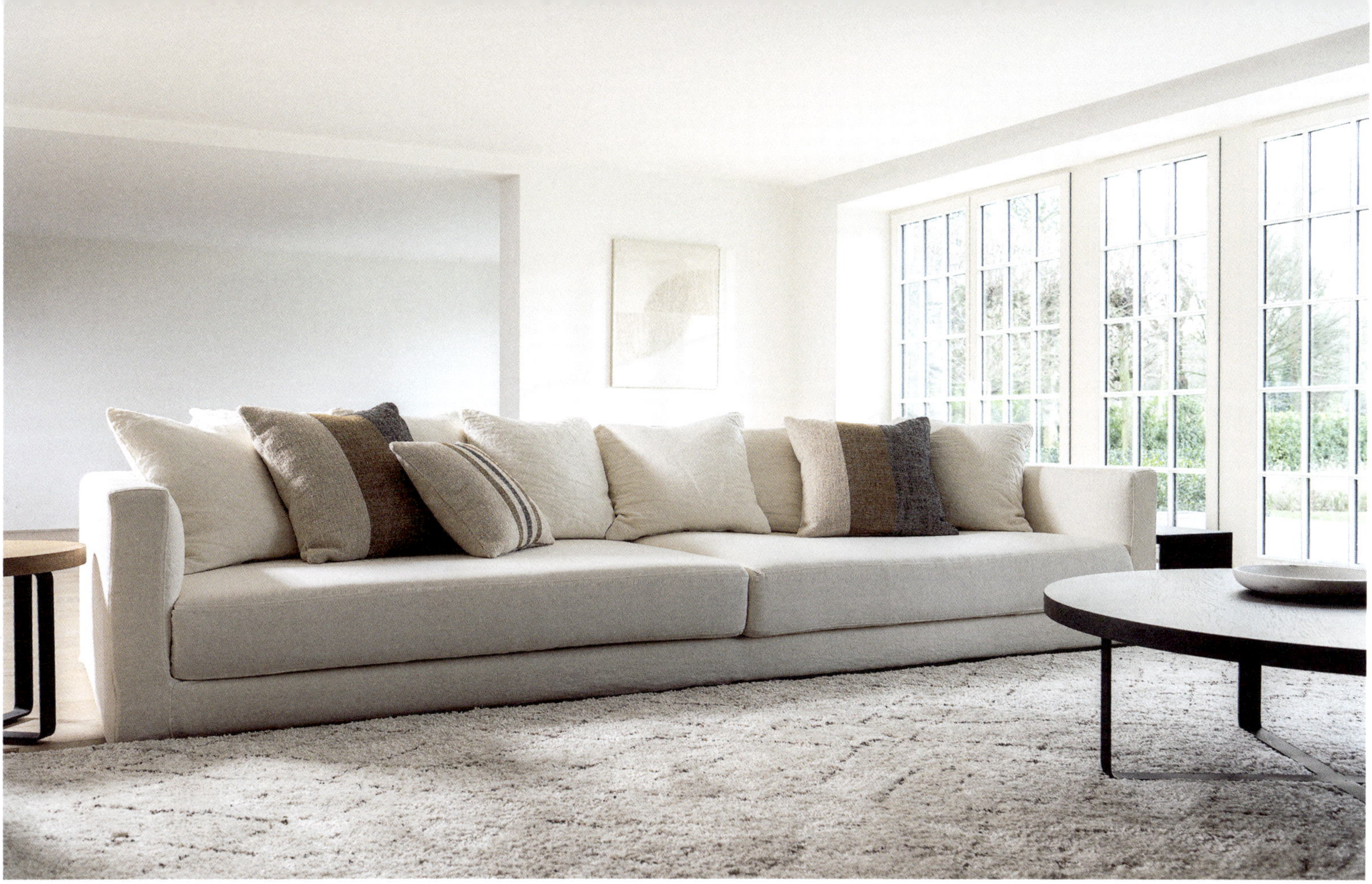

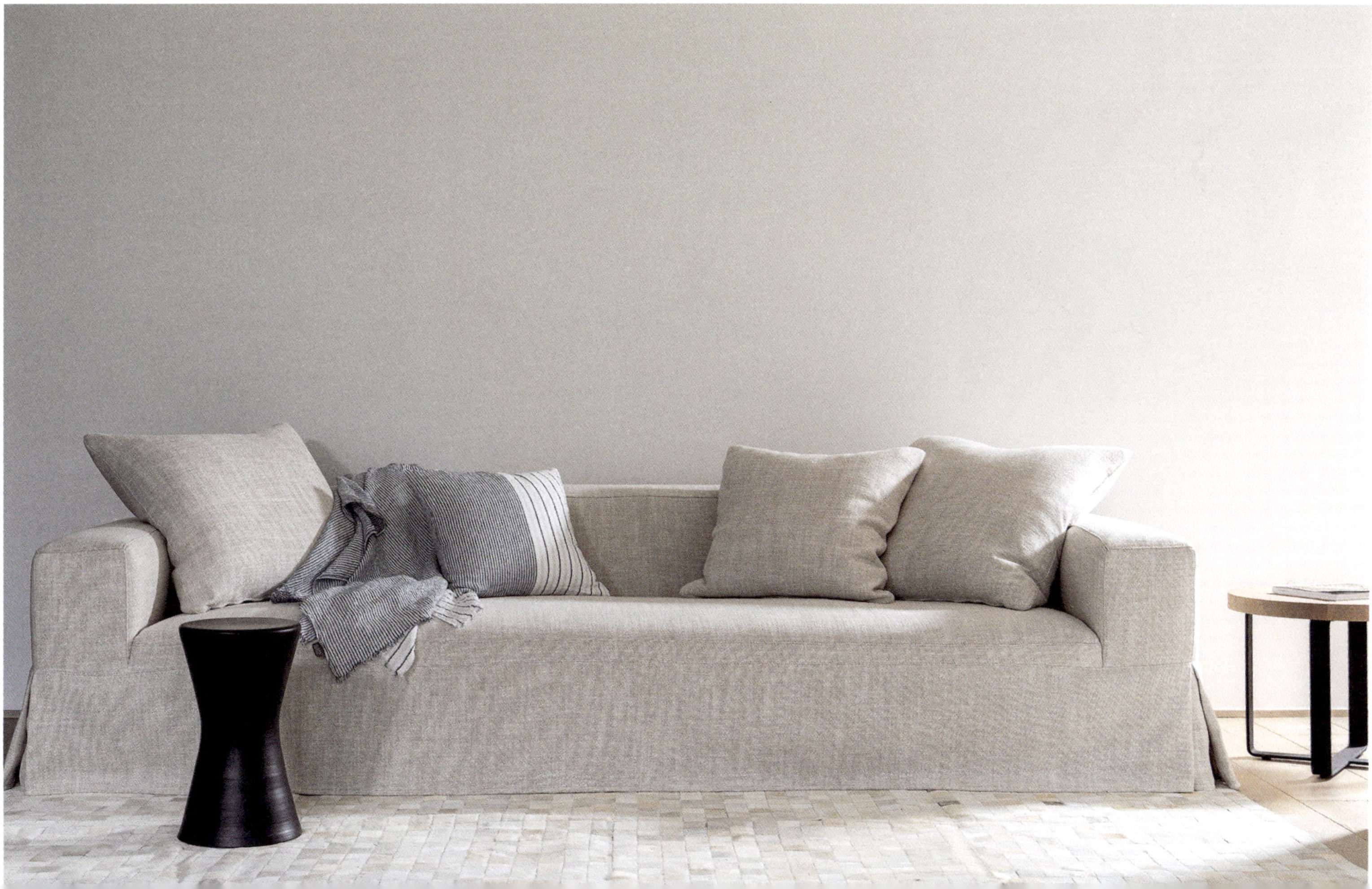

MEDITERRANEAN INFLUENCE

A project close to the heart of Paul Bates Architects and Betsy Brown Interiors is this Italian inspired villa in the countryside of Birmingham, Alabama, where both have studios.

Two things were important to their clients: they wanted a stone house and an antique clay tile roof.

Once they procured the antique barrel tile roof from the south of France, the Mediterranean influence was obvious and gave direction to the rest of the project. The house is laid out on 2 1/2 acres (1 hectare) perched upon a hill in a rural setting just outside of the city. The one room deep design of the house is organized with a strong axis in two directions, connecting each room. The abundance of glass and steel doors fills the house with natural light while making a strong connection between the indoor spaces and the idyllic landscape of the outdoors.

Interior designer Betsy Brown, of Birmingham, Alabama compliments the space by giving it a timeless quality through her use of mid-century and classic furnishings. The curated, pared down furnishings along with the thoughtful minimalism of interior architecture make for a delicate meshing of the past and the present, illustrated through an intentional embrace of bringing the outdoors in. The use of natural materials will enable this house to endure for centuries to come.

The villa is a combination of natural materials and timeless design, but more importantly is a reflection of its owner. Beautiful, subdued natural tones and exceptional natural materials are a testament to who they are, and a space large enough to enjoy the gathering of loved ones and intimate enough to enjoy quiet evenings at home perfectly exemplifies their lifestyle.

The outdoors invites just as much enjoyment and relaxation as the indoors with an attentive focus given to the landscape and the bespoke furnished outdoor spaces.

———————————————

www.paulbatesarchitects.com
www.betsybrowninc.net

PHOTOGRAPHY: Nashmi Alketbi

Een project dat Paul Bates Architects en Betsy Brown Interiors na aan het hart ligt, is deze Italiaans geïnspireerde villa op het platteland van Birmingham, Alabama, waar beiden een atelier hebben.

Twee dingen waren belangrijk voor hun klanten: ze wilden een stenen huis en een antiek kleipannendak.

Toen ze eenmaal het antieke dak uit Zuid-Frankrijk hadden aangeschaft, was de mediterrane invloed duidelijk en gaf deze richting aan de rest van het project. Het huis is gebouwd op 1 hectare, gelegen op een heuvel in een landelijke omgeving net buiten de stad. Het ontwerp van het huis is georganiseerd met een sterke as in twee richtingen, die elke kamer verbindt. De overvloed aan glazen en stalen deuren vult het huis met natuurlijk licht terwijl het een sterke verbinding tussen de binnenruimtes en het idyllische landschap van het buitenleven.

Interieurontwerpster Betsy Brown uit Birmingham, Alabama complimenteert de ruimte met haar tijdloze door haar gebruik van meubels uit het midden van de vorige eeuw en klassieke meubels. De verzorgde, sobere meubelen samen met het doordachte minimalisme van de binnenhuisarchitectuur zorgen voor een delicate combinatie van het verleden en het heden, geïllustreerd door een opzettelijke symbiose van het buiten naar binnen. Door het gebruik van natuurlijke materialen zal dit huis nog eeuwen meegaan.

De villa is een combinatie van natuurlijke materialen en tijdloos design, maar belangrijker nog is een weerspiegeling van de eigenaar. Mooie, ingetogen natuurlijke tinten en uitzonderlijke natuurlijke materialen zijn de getuigenis van wie ze zijn. En een ruimte groot genoeg om te genieten van het samenzijn van geliefden en intiem genoeg voor rustige avonden thuis perfect illustreert hun levensstijl.

Het buitenleven nodigt net zo uit tot genieten en ontspannen als het binnenleven, met een focus op het landschap en de op maat ingerichte buitenruimtes.

---

www.paulbatesarchitects.com
www.betsybrowninc.net

Un projet qui tient à cœur à Paul Bates Architects et Betsy Brown Interiors est cette villa d'inspiration italienne dans la campagne de Birmingham, Alabama, où tous deux ont des studios.

Deux choses étaient importantes pour leurs clients : ils voulaient une maison en pierre et un toit en tuiles d'argile antiques.

Une fois qu'ils se sont procuré le toit de tuiles anciennes en terre cuite dans le sud de la France, l'influence méditerranéenne était évidente et a orienté le reste du projet. La maison s'étend sur 1 hectare, perchée sur une colline dans un cadre rural, juste à l'extérieur de la ville. La conception de la maison est organisée autour d'un axe fort dans deux directions, reliant chaque pièce. L'abondance de portes en verre et en acier remplit la maison de lumière naturelle tout en créant un lien fort entre les espaces intérieurs et le paysage idyllique de l'extérieur.

La décoratrice d'intérieur Betsy Brown, de Birmingham, en Alabama, complète l'espace en lui donnant une qualité intemporelle grâce à l'utilisation d'objets du milieu du siècle dernier et des meubles classiques. Les meubles choisis, épurés, et le minimalisme réfléchi de l'architecture d'intérieur créent un délicat mélange entre le passé et le présent, illustré par une volonté délibérée de faire entrer l'extérieur. L'utilisation de matériaux naturels permettra à cette maison de perdurer pendant des siècles.

La villa est une combinaison de matériaux naturels et de design intemporel, mais surtout, elle est le reflet de son propriétaire. De belles teintes naturelles atténuées et des matériaux naturels exceptionnels sont un témoignage de leur identité. L'espace suffisamment grand pour apprécier le rassemblement des proches et suffisamment intime pour profiter de soirées tranquilles illustre parfaitement leur style de vie.

L'extérieur invite tout autant au plaisir et à la détente que l'intérieur, avec une attention particulière portée au paysage et aux espaces extérieurs meublés sur mesure.

———————————

www.paulbatesarchitects.com
www.betsybrowninc.net

«L'ART DE VIVRE»

A streamlined design. Natural materials for a warm and timeless character. A way of working that results in a strong example of craftsmanship, time and time again.

Frank Tack Interieur designs and realises total interiors, from kitchen to office, from bedroom to living room.

Each of Frank Tack's interiors testifies to unbridled creativity and unrivalled craftsmanship. That's «l'Art de Vivre» ...

In this recent project, Frank Tack Interiors incorporated Spanish marble as the kitchen worktop, in combination with lacquered and natural oak.

Stained oak was also used for the desktop. Around the fireplace wall and in the bedroom, Tack opted for barnwood. Indirect lighting was integrated into the shelves.

In the bathroom, Carrara marble was chosen. The furniture in the bathroom, the dressing room and the bedroom is made of varnished and natural oak.

www.franktack.be

PHOTOGRAPHY: Jonah Samyn

Een gestroomlijnd design. Natuurlijke materialen voor een warm en tijdloos karakter. Een manier van werken die keer op keer een sterk staaltje craftsmanship oplevert.

Frank Tack Interieur ontwerpt en realiseert totale interieurs, van keuken over bureau tot en met de slaapkamer en woonkamer.

Elk van Frank Tack's interieurs getuigt van ongebreidelde creativiteit en ongeëvenaard handwerk. Dat is "l'Art de Vivre" …

In dit recente project verwerkte Frank Tack Interieurs Spaanse marmer als keukenwerkblad, in combinatie met gelakte en natuurlijke eik.

Aan het bureaublad werd ook gebeitste eik verwerkt. Rond de haardwand en in de slaapkamer opteerde Tack voor barnwood. In de legplanken werd indirecte verlichting geïntegreerd.

In de badkamer werd gekozen voor Carrara marmer. Het meubelwerk in de badkamer, de dressing en de slaapkamer is gerealiseerd in gelakte en natuurlijke eik.

www.franktack.be

Un design épuré. Des matériaux naturels pour un caractère chaleureux et intemporel. Une façon de travailler qui aboutit à un solide exemple d'artisanat, encore et toujours.

Frank Tack Interieur conçoit et réalise des intérieurs complets, de la cuisine au bureau, de la chambre à coucher au salon.

Chacun des intérieurs de Frank Tack témoigne d'une créativité débridée et d'un savoir-faire inégalé. C'est «l'Art de Vivre» ...

Dans ce projet récent, Frank Tack Interiors a incorporé du marbre espagnol comme plan de travail de la cuisine, en combinaison avec du chêne laqué et naturel.

Du chêne teinté a également été utilisé pour le bureau. Autour du mur de la cheminée et dans la chambre, Tack a opté pour le bois de grange. Un éclairage indirect a été intégré dans les étagères.

Dans la salle de bains, c'est le marbre de Carrara qui a été choisi. Les meubles de la salle de bains, du dressing et de la chambre à coucher sont en chêne verni et naturel.

---

www.franktack.be

A FORMER FISHERMAN'S HOUSE IN THE DUNES

Interior designer Chrisma Totaalrenovatie tried to create an austere atmosphere in this fisherman's house through the choice of materials. It was a search for a perfect combination of proportions, materials and space.

The spaces and layout of the house were carefully filled in. Adjustments were made with the aim of functionality, but also a striving for perfection and high quality of life.

An extra asset here is the fact that Chrisma worked with craftsmen from different regions: authenticity and craftsmanship go hand in hand to achieve a modern and contemporary result.

Here we can refer to the slate (integrated for the fireplace) and the eighteenth-century parquet. The cooking island was originally a shop counter from Italy. It was restored in Flanders and fitted with a slate tablet. You can see that it has been used many times: this gives it an aged character.

The house has its own personal story and has played an important role in the lives of its owners. It is unique because of its location in the dunes, with every room offering a direct sea view.

www.chrisma.be

PHOTOGRAPHY: Pilar Shoots

Interieurvormgever Chrisma Totaalrenovatie probeerde met de materiaalkeuze in dit vissershuis een sobere sfeer te creëren dankzij een doordacht en kostbaar pallet. Het was een zoektocht naar een perfect samengaan van proporties, materialen en ruimte.

De ruimtes en indeling van de woning zijn zorgvuldig ingevuld. Er werden aanpassingen gedaan met als doel: functionaliteit, maar ook een streven naar perfectie en hoge levenskwaliteit.

Een extra troef hierbij is het feit dat Chrisma samenwerkte met ambachtslieden uit verschillende regio's: authenticiteit en vakmanschap gaan hand in hand om tot een modern en eigentijds resultaat te komen.

Hierbij kunnen we refereren aan de leisteen (geïntegreerd voor de open haard) en het achttiende-eeuws parket. Het kookeiland was oorspronkelijk een winkeltoonbank, afkomstig uit Italië. Deze werd in Vlaanderen gerestaureerd en voorzien van een tablet in leisteen. Je kan zien dat deze al veelvuldig gebruikt werd: dit zorgt voor een doorleefd karakter.

Het huis heeft zijn eigen persoonlijke verhaal en speelt een belangrijke rol in het leven van de opdrachtgevers. Het is uniek omwille van de ligging in de duinen, waarbij elke ruimte een rechtstreeks zeezicht biedt.

———

www.chrisma.be

L'architecte d'intérieur Chrisma Totaalrenovatie a tenté de créer une atmosphère austère dans cette maison de pêcheur grâce au choix des matériaux. Il s'agissait de rechercher une combinaison parfaite de proportions, de matériaux et d'espace.

Les espaces et la disposition de la maison ont été soigneusement remplis. Les ajustements ont été effectués dans un souci de fonctionnalité, mais aussi dans un souci de perfection et de qualité de vie élevée.

Un atout supplémentaire est le fait que Chrisma a travaillé avec des artisans de différentes régions : authenticité et artisanat vont de pair pour obtenir un résultat moderne et contemporain.

Nous pouvons ici faire référence à l'ardoise (intégrée pour la cheminée) et au parquet du XVIIIe siècle. L'îlot de cuisson était à l'origine un comptoir de magasin provenant d'Italie. Il a été restauré en Flandre et équipé d'une tablette en ardoise. Vous pouvez voir qu'il a été utilisé de nombreuses fois : cela lui donne un caractère vieilli.

La maison a sa propre histoire personnelle et a joué un rôle important dans la vie de ses propriétaires. Il est unique en raison de son emplacement dans les dunes, chaque chambre offrant une vue directe sur la mer.

---

www.chrisma.be

THE BEAUTY
OF BONHOMMES

Hidden in the Lys region, between Ghent, Sint-Martens-Latem and Nevele lies the rural village of Meigem. Surrounded by fruit cultivation, farms, the Schipdonk Canal and cycle routes.

Located in the centre of Meigem (close to the Neo-Gothic St. Nicholas Church where the first wall remains date back to the thirteenth century) is Bonhommes, a former trade in cattle feed and cereals, in 2021 completely converted into a location for events, accommodation and above all peace and quiet.

Bonhommes wants to convey the feeling of carefree living in the peaceful, quiet and natural surroundings of Meigem, and also dares to refer to the Latem school, almost around the corner. The name Bonhommes is a nod to Rechts van de Kerk, the other shop across the street run by owners Andy Baudewyn and his partner Dirk Huyghe. What they mean by that is fun to look up in the history books ...

The Bonhommes logo symbolises a happy, enjoying man lying on his back taking the time to look around and reflect on life. The straw in his mouth and the golden yellow refer to pastoral times that sharpen the desire.

Whoever walks into Bonhommes, through the steel gate, immediately enters another world. The southern atmosphere, the colours, materials and plants immediately make you dream and long for a holiday.

Materials such as natural stone, wood, copper, handmade planters and benches in fire clay, old cast iron poles supporting the covered patio, Moroccan zeliges against the wall, barnwood and lighting complete the picture.

For this unique project, Andy and Dirk were very involved from start to finish in order to discuss all the details with the contractors. A lot of ideas were gained during trips to the Far East, Morocco, Italy, Spain and France.

Together, they strived to make this project a unique and exclusive location that can be used for many purposes: from spending the night in one of the 130 m^2 luxury lofts, to renting the patio with or without the interior spaces for a meeting, photo shoot, product presentation, event, private dinner, brainstorming, ...

---

www.bonhommes.be
www.rechtsvandekerk.be

PHOTOGRAPHY: WIT by Jürgen de Witte

185

Verscholen in de Leiestreek, tussen Gent, Sint-Martens-Latem en Nevele ligt het landelijke dorpje Meigem. Omgeven door fruitteelt, boerderijen, het Schipdonk-kanaal en fietsroutes.

Centraal gelegen in het centrum van Meigem (vlakbij de Sint-Niklaaskerk in Neogotische stijl waar de eerste muurresten dateren uit de dertiende eeuw) ligt Bonhommes, een vroegere handel in veevoeders en granen, in 2021 volledig verbouwd tot een locatie voor events, logement en vooral rust.

Bonhommes wil het gevoel overbrengen van onbezorgdheid in de rustige, stille en natuurlijke omgeving van Meigem, en durft ook te refereren aan de Latemse school, quasi om de hoek. De naam Bonhommes knipoogt naar Rechts van de Kerk, de andere zaak van de eigenaars Andy Baudewyn en zijn partner Dirk Huyghe aan de overkant. Wat zij daarmee bedoelen is leuk om op te zoeken in de geschiedenisboeken …

Het logo van Bonhommes symboliseert een gelukkige, genietende man, die op zijn rug liggend de tijd neemt om rond te kijken en na te denken over het leven. Het strootje in de mond en het goudgeel verwijzen naar de pastoraal vervlogen tijden die het verlangen aanscherpen.

Wie binnen wandelt bij Bonhommes, door de stalen poort, komt onmiddellijk in een andere wereld. De zuiderse sfeer, de kleuren, materialen en planten doen onmiddellijk dromen en verlangen naar vakantie.

Materialen zoals natuursteen, hout, koper, met de hand gemaakte planters en banken in vuurvaste klei, oude gietijzeren palen die de overdekte patio onder-steunen, Marrokaanse zeliges tegen de wand, barnwood en de verlichting maken het plaatje compleet.

Voor dit unieke project waren Andy en Dirk van bij de start tot de finish heel betrokken bij de werken om zo alle details met de aannemers te bespreken. Heel veel ideeën werden opgedaan tijdens reizen naar het verre Oosten, Marokko, Italië, Spanje en Frankrijk.

Samen streefden ze er naar om van dit project een unieke en exclusieve locatie te maken die kan dienen voor heel wat doeleinden: van overnachting in één van de 130 m² grote luxe lofts, tot het huren van de patio met al dan niet de binnenruimtes voor een meeting, fotoshoot, productvoorstelling, event, private dinner, brainstorming, …

www.bonhommes.be
www.rechtsvandekerk.be

Caché dans la région de la Lys, entre Gand, Laethem et Nevele, se trouve le village rural de Meigem. Entouré de cultures fruitières, de fermes, du canal Schipdonk et de pistes cyclables.

Situé au centre de Meigem (près de l'église néo-gothique Saint-Nicolas dont les premiers vestiges de murs datent du XIIIᵉ siècle) se trouve Bonhommes, un ancien commerce d'aliments pour bétail et de céréales, entièrement reconverti en 2021 en lieu d'événements, d'hébergement et surtout de tranquillité.

Bonhommes veut transmettre le sentiment d'une vie insouciante dans le cadre paisible, calme et naturel de Meigem, et ose également faire référence à l'école de Laethem, située juste à côté. Le nom Bonhommes est un clin d'œil à Rechts van de Kerk, l'autre bâtisse située de l'autre côté de la rue et dirigée par les propriétaires Andy Baudewyn et son partenaire Dirk Huyghe. Ce qu'ils entendent par là est amusant à chercher dans les livres d'histoire...

Le logo de Bonhommes symbolise un homme heureux, allongé sur le dos, prenant le temps de regarder autour de lui et de réfléchir à la vie. La paille dans sa bouche et le jaune d'or font référence à des temps pastoraux qui aiguisent le désir.

Quiconque entre à Bonhommes, franchit la porte d'acier, entre immédiatement dans un autre monde. L'atmosphère méridionale, les couleurs, les matériaux et les plantes font immédiatement rêver et donnent envie de vacances.

Des matériaux tels que la pierre naturelle, le bois, le cuivre, des jardinières et des bancs faits main en argile réfractaire, de vieux poteaux en fonte soutenant le patio couvert, des zeliges marocains contre le mur, du bois de grange et des luminaires complètent le tableau.

Pour ce projet unique, Andy et Dirk ont été très impliqués du début à la fin afin de discuter de tous les détails avec les entrepreneurs. De nombreuses idées ont été acquises lors de voyages en Extrême-Orient, au Maroc, en Italie, en Espagne et en France.

Ensemble, ils se sont efforcés de faire de ce projet un lieu unique et exclusif qui peut être utilisé à de nombreuses fins : passer la nuit dans l'un des lofts de luxe de 130 m², louer le patio avec ou sans les espaces intérieurs pour une réunion, une séance photo, une présentation de produit, un événement, un dîner privé, un brainstorming, ...

---

www.bonhommes.be
www.rechtsvandekerk.be

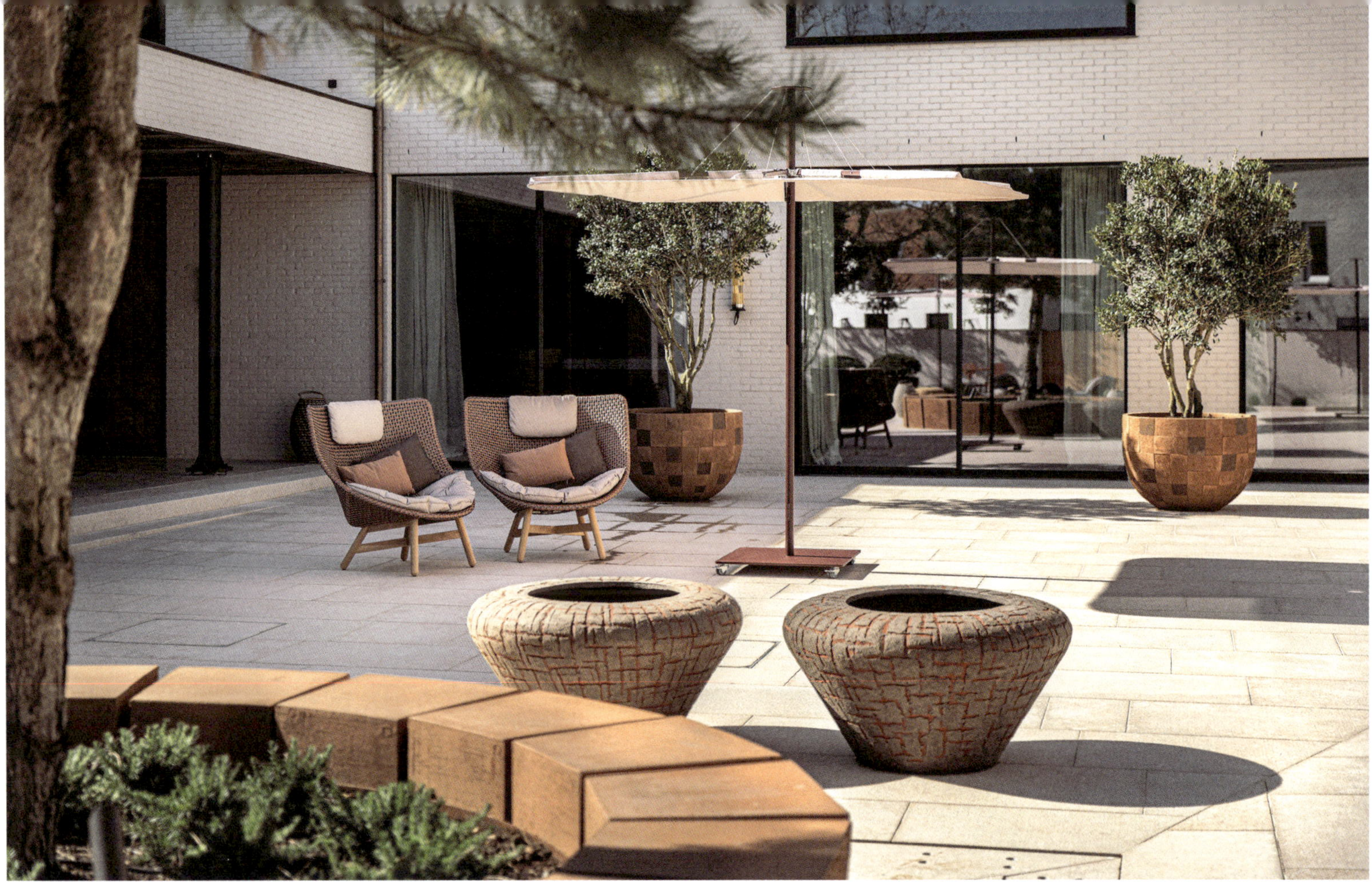

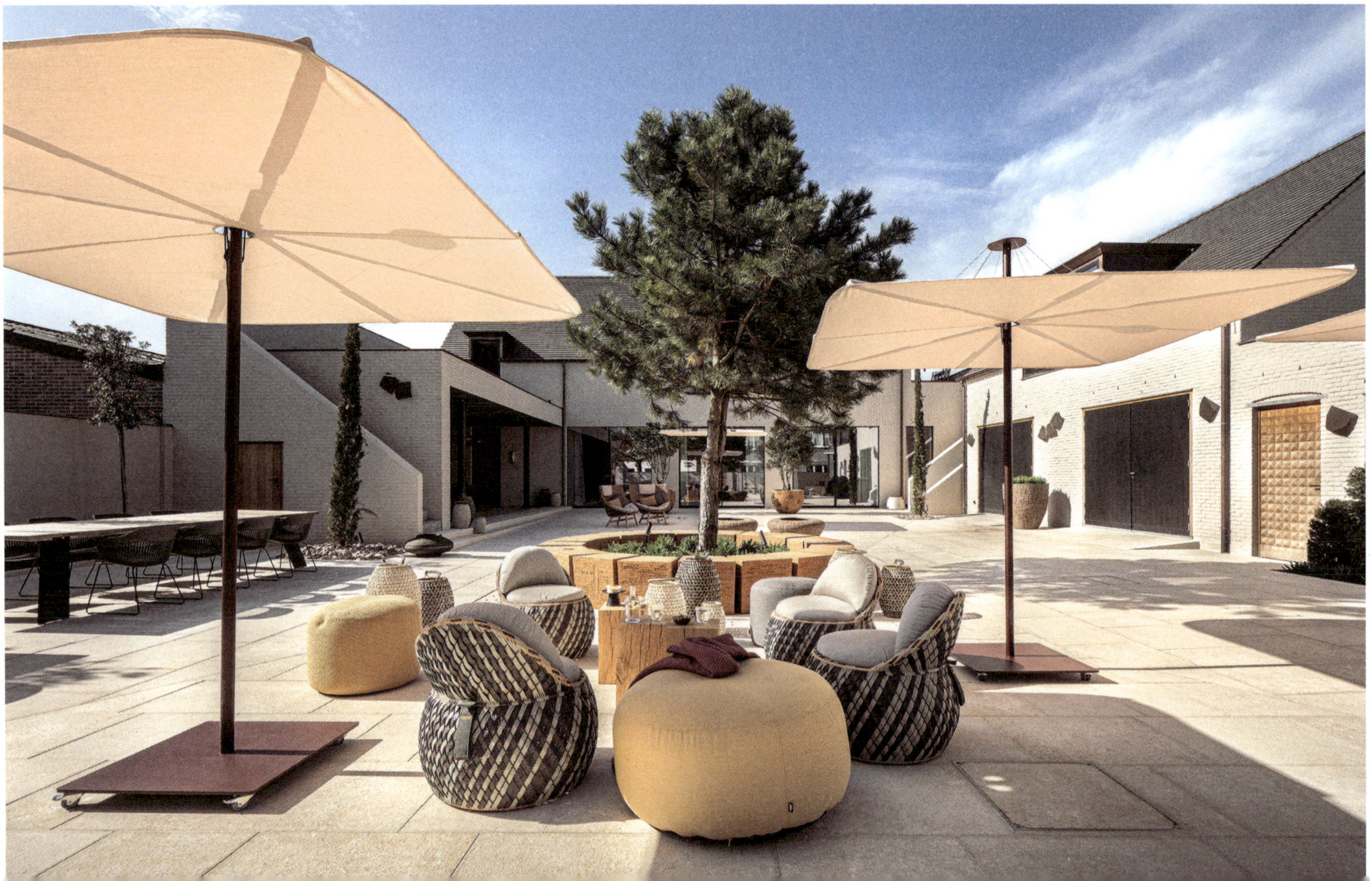

GENTLE RENOVATION
OF AN OLD BARN

This old barn, situated on the grounds of a farm in an idyllic natural landscape in Kontich, was carefully restored by Joris Van Apers and his team.

Part of the original beamed ceiling could be saved, the rest is new - or at least recovered, because it is not without reason that Van Apers is also renowned as a dealer in antique building materials.

In this project, old pine cheese boards were placed in the kitchen and on the upper floor, French terracotta tiles were reclaimed and the doors on the upper floor were made from old oak and pine.

The grates that demarcate the mezzanine were found during the demolition of the floor at a goldsmith's.

The massive kitchen unit shows a combination of Pierre de Lyon and pine. The other worktops and the splashback were covered with Portuguese slate.

A bold combination of lime paints in earthy green and terracotta shades was chosen.

The worktop at the bread oven in the utility room is made of old walnut. Washbasin in Portuguese slate.

The round coffee table in the lounge is a creation of Ado Chale. The square, rounded dining table and banquettes were made to measure in the Van Apers workshops.

---

www.vanapers.be

PHOTOGRAPHY: Jo Pauwels

Deze oude schuur, gelegen op het terrein van een boerderij in een idyllisch natuurlandschap te Kontich, werd zorgvuldig gerestaureerd door Joris Van Apers en zijn team.

Een deel van het originele balkenplafond kon worden gered, de rest is nieuw - of althans gerecupereerd, want niet voor niets is Van Apers ook gerenommeerd als handelaar in antieke bouwmaterialen.

In dit project werden o.a. oude grenen kaasplanken geplaatst in de keuken en op de bovenverdieping, werden Franse terracotta plavuizen herbruikt en werden de deurtjes op de bovenverdieping vervaardigd uit oude eiken en grenen.

De roosters die de mezzanine afbakenen werden gevonden bij de afbraak van de vloer bij een goudsmid.

Het massieve keukenblok toont een combinatie van Pierre de Lyon en grenen. De andere werkbladen en de spatwand werden met Portugese leisteen bekleed.

Er werd gekozen voor een gedurfde combinatie van kalkverven in aardse groene en terracotta tinten.

Het werkblad aan de broodoven in de bijkeuken is uitgevoerd in oude notelaar. Wastafel in Portugese leisteen.

De ronde koffietafel in het salon is een creatie van Ado Chale. De vierkante, afgeronde eettafel en banketten werden op maat gemaakt in de ateliers van Van Apers.

———————————

www.vanapers.be

Cette ancienne grange, située sur le terrain d'une ferme dans un paysage naturel idyllique à Kontich, a été soigneusement restaurée par Joris Van Apers et son équipe.

Une partie du plafond à poutres d'origine a pu être sauvée, le reste est neuf - ou du moins récupéré, car ce n'est pas sans raison que Van Apers est également réputé comme marchand de matériaux de construction anciens.

Dans ce projet, entre autres choses, de vieux planches à fromage en pin ont été placés dans la cuisine et à l'étage, des carreaux de terre cuite français ont été réutilisés et les portes de l'étage ont été fabriquées à partir de vieux bois (chêne et pin).

Les grilles qui délimitent la mezzanine ont été trouvées lors de la démolition du plancher d'une orfèvrerie.

L'unité de cuisine massive montre une combinaison de Pierre de Lyon et de pin. Les autres plans de travail et la crédence ont été recouverts d'ardoise portugaise.

Une combinaison audacieuse de peintures à la chaux dans des tons vert terreux et terracotta a été choisie.

Le plan de travail du four à pain dans la buanderie est en vieux noyer. Lavabo en ardoise portugaise.

La table basse ronde du salon est une création d'Ado Chale. La table à manger carrée et arrondie et les banquettes ont été fabriquées sur mesure dans les ateliers de Van Apers.

———————————

www.vanapers.be

LOVE
FOR CRAFTSMANSHIP

After years of being active in the fashion industry, it was time for something different. With the ever-present interest in interior design, something in that direction seemed a logical step.

A friend invited the founders to visit a workshop in Indonesia where hard-working craftsmen hammered together the most beautiful handmade furniture.

The minimalist design in the late 1950s Chandigarh style combined with the manufacturing process quickly convinced them. Formed out of love for the craft as well as the environment, Detjer was established in 2019.

What makes Detjer's furniture so unique? The way they are manufactured. But apart from the admirable craftsmanship, the durability of their products is at least as important. All handmade chairs, cabinets and other furniture are made of Mindi wood. This wood is derived from oak from Indonesian plantations and is known for its beautiful grain. Moreover, all Detjer's handmade furniture is provided with a FLEGT label (Forest Law Enforcement, Governance and Trade) that proves that the wood is recognised by the EU as legal wood that complies with the European Wood Regulation.

In this report Detjer shows a selection of her collection.

———————————

www.detjer.com

Na jarenlang actief te zijn geweest in de kledingbranche, was het tijd voor wat anders. Met de altijd aanwezige interesse voor binnenhuisarchitectuur, leek iets in die richting een logische stap.

Een vriend nodigde de oprichters uit voor een bezoek aan een werkplaats in Indonesië waar hardwerkende vaklui de mooiste handgemaakte meubels in elkaar timmerden.

Het minimalistische design in late jaren 1950 Chandigarh stijl in combinatie met het maakproces had hen snel overtuigd. Gevormd uit liefde voor het vak én voor het milieu, werd Detjer in 2019 opgericht.

Wat Detjer's meubelen zo uniek maakt? De wijze waarop ze vervaardigd zijn. Maar los van het bewonderenswaardig vakmanschap, is de duurzaamheid van hun producten minstens even belangrijk. Alle handgemaakte stoelen, kasten en andere meubels zijn gemaakt van Mindi hout. Dit hout is afkomstig van de eik uit Indonesische plantages en staat bekend op zijn mooie nerf. Bovendien zijn al Detjer's handgemaakte meubels voorzien van een FLEGT label (Forest Law Enforcement, Governance and Trade) dat aantoont dat het hout door de EU erkend is als legaal hout dat voldoet aan de Europese Houtverordening.

In deze reportage toont Detjer een greep uit haar collectie.

———————————

www.detjer.com

Après avoir été actif pendant des années dans le secteur de la mode, il était temps de faire autre chose. Compte tenu de leur intérêt constant pour la décoration intérieure, il était logique de s'engager dans cette voie.

Un ami a invité les fondateurs à visiter un atelier en Indonésie où des artisans laborieux assemblaient les plus beaux meubles faits à la main.

Le design minimaliste dans le style Chandigarh de la fin des années 1950, combiné au processus de fabrication, les a rapidement convaincus. Formé par amour pour le métier ainsi que pour l'environnement, Detjer a été créé en 2019.

Qu'est-ce qui rend les meubles de Detjer si uniques ? La façon dont ils sont fabriqués. Mais outre l'admirable savoir-faire artisanal, la durabilité de leurs produits est au moins aussi importante. Toutes les chaises, armoires et autres mcubles fabriqués à la main sont en bois de Mindi. Ce bois est dérivé du chênc des plantations indonésiennes et est connu pour son beau grain. En outre, tous les meubles faits main de Detjer sont munis d'un label FLEGT (application des réglementations forestières, gouvernance et échanges commerciaux) qui prouve que le bois est reconnu par l'UE comme du bois légal conforme au règlement européen sur le bois.

Dans ce reportage, Detjer montre une sélection de sa collection.

---

www.detjer.com

A PROJECT
WITHIN A PROJECT

It is well known that a house evolves over the years ... Needs, tastes and desires change.

It is all the work done a few years ago that has been questioned on this project, imagined by Ensemble & Associés.

A desire for more vintage materials and furniture, while keeping the house's main thread.

A desire for a guest house that will involve reorganising the pool house.

A desire for a music and games area in the basement, a warm and welcoming place for parties until the end of the night...

And then the light, a desire for more and more light with the creation of new windows in the living areas and the gym to turn towards the garden... a garden that has been rethought in its entirety by creating rest areas all around the house.

The pool beds, benches, tables and coffee tables were made to measure in Ceppo, the benches were decorated with dozens of cushions, the deck with its bamboo roof and blinds surrounded by linen curtains, the outdoor rugs from Elsen & Son ... everything was done to invite relaxation...

So it was a project within a project, a beautiful evolution...

In collaboration with Michel Delvosalle - landscaper for the exterior.

———————————

www.ensembleetassocies.be

PHOTOGRAPHY: Thibault De Schepper

Het is algemeen bekend dat een huis met de jaren evolueert ...
Behoeften, smaken en verlangens veranderen.

Het is al het werk dat enkele jaren geleden werd verricht door Ensemble & Associés dat nu opnieuw ter discussie wordt gesteld.

Een verlangen naar meer vintage materialen en meubels, met behoud van de rode draad van het huis.

Een wens voor een gastenverblijf waarbij het zwembadhuisje moet worden gereorganiseerd.

Een wens voor een muziek- en spelletjesruimte in de kelder, een warme en gastvrije plek voor feesten tot het einde van de nacht...

En dan het licht, een verlangen naar meer en meer licht met de creatie van nieuwe ramen in de leefruimten en de gym om zich naar de tuin te richten... een tuin die in zijn geheel is herbekeken om overal meer rust te bieden.

De loungers, banken, tafels en salontafels werden op maat gemaakt in Ceppo, de banken werden versierd met tientallen kussens, het dek met zijn bamboe dak en zonwering omgeven door linnen gordijnen, met buitentapijten van Elsen & Son ... alles werd gedaan om uit te nodigen tot ontspanning...

Dit was dus een project binnen een project, een mooie evolutie ...

In samenwerking met Michel Delvosalle – tuin- en landschaps-architect.

---

www.ensembleetassocies.be

C'est bien connu, une maison évolue au fil des ans … Les besoins, les goûts, les envies changent.

C'est tout le travail d'il y a quelques années qui a été remis en question sur ce projet, imaginé par Ensemble & Associés.

Une envie de matériaux et de mobilier plus vintage, tout en gardant le fil conducteur de la maison.

Une envie de maison d'amis qui impliquera la réorganisation du pool house.

Une envie d'un espace musique et jeux implanté au sous-sol, un endroit à la fois chaleureux et accueillant pour les fêtes jusqu'au bout de la nuit…

Et puis la lumière, envie de toujours plus de lumière avec la création de nouvelles baies dans les zones de vie et la salle de sport pour se tourner vers le jardin … un jardin qui a été repensé dans sa globalité en créant des zones de repos tout autour de la maison.

Les lits de piscine, les banquettes, les table et tables basses ont été réalisés sur mesure en Ceppo, les banquettes agrémentées de dizaines de coussins , le deck au toit et stores en bambou entouré de rideaux en lin, les tapis d'extérieur d'Elsen & Son … tout est fait pour inviter à la détente…

C'était donc un projet dans un projet, une belle évolution…

En collaboration avec Michel Delvosalle – paysagiste pour les extérieurs.

———————————

www.ensembleetassocies.be

INSPIRED
BY THE FLEMISH STYLE

Situated in the countryside not far from Paris in a hamlet between fields and forest, this house, which is atypical for the region, was imagined and designed by the owner who was largely inspired by the Flemish style.

The house was entirely covered with old bricks, which were laid and shaped by a company in Bruges, in the purest respect of the art of building traditional Flemish houses.

The roof, covered with purple Brazilian slate, blends in perfectly with the brick.

The large arched windows, set in a row towards the park, give the feeling of being inside and outside at the same time in each room on the ground floor.

Materials such as oak, stone and brick have been used to create a natural and warm atmosphere in an elegant and timeless setting.

The kitchen, a real living space for this family, was designed by Frank Tack in wood and white marble, which gives it a touch of elegance without being sophisticated.

The originality of this house, set in a park with century-old trees, gives it a unique character.

———————

PHOTOGRAPHY: Thibault De Schepper

Dit huis, dat atypisch is voor de streek, ligt op het platteland niet ver van Parijs, in een gehucht tussen velden en bossen. Het werd bedacht en ontworpen door de eigenaar, die zich grotendeels liet inspireren door de Vlaamse stijl.

Het huis werd volledig bekleed met oude bakstenen, die door een bedrijf in Brugge werden gelegd en gevormd, met het zuiverste respect voor de kunst van het bouwen van traditionele Vlaamse huizen.

Het dak, bedekt met paarse Braziliaanse leisteen, past perfect bij de baksteen.

De grote boogramen, in een rij naar het park gericht, geven in elke kamer op de begane grond het gevoel tegelijkertijd binnen en buiten te zijn.

Materialen zoals eik, steen en baksteen zijn gebruikt om een natuurlijke en warme sfeer te creëren in een elegante en tijdloze omgeving.

De keuken, een echte leefruimte voor dit gezin, werd door Frank Tack ontworpen in hout en wit marmer, waardoor ze een vleugje elegantie uitstraalt zonder mondain te zijn.

De originaliteit van dit huis, gelegen in een park met eeuwenoude bomen, geeft het een uniek karakter.

———————

Située à la campagne non loin de Paris dans un hameau entre champs et forêt, cette maison atypique pour la région a été imaginée et conçue par la propriétaire qui s'est très largement inspirée du style flamand.

Celle-ci a été entièrement recouverte de briques anciennes, dont le travail de pose et de façonnage a été réalisé par une entreprise de Bruges, dans le plus pur respect des règles de l'art de construction des maisons traditionnelles flamandes.

Le toit recouvert d'ardoise du Brésil violette s'harmonise parfaitement avec la brique.

De grandes baies cintrées, posées en enfilage vers le parc, donne la sensation d'être en même temps à l'intérieur et à l'extérieur dans chaque pièce du rez de chaussée.

Les matériaux tel que le chêne, la pierre, la brique ont été privilégiés afin de lui procurer une atmosphère à la fois naturelle et chaleureuse dans une ambiance élégante et intemporelle à la fois.

La cuisine, véritable pièce de vie pour cette famille, a été réalisée par Frank Tack, en bois et en marbre blanc, ce qui lui confère une touche d'élégance sans être sophistiquée.

L'originalité de cette maison implantée dans un parc aux arbres centenaires lui confère un caractère unique.

———————————

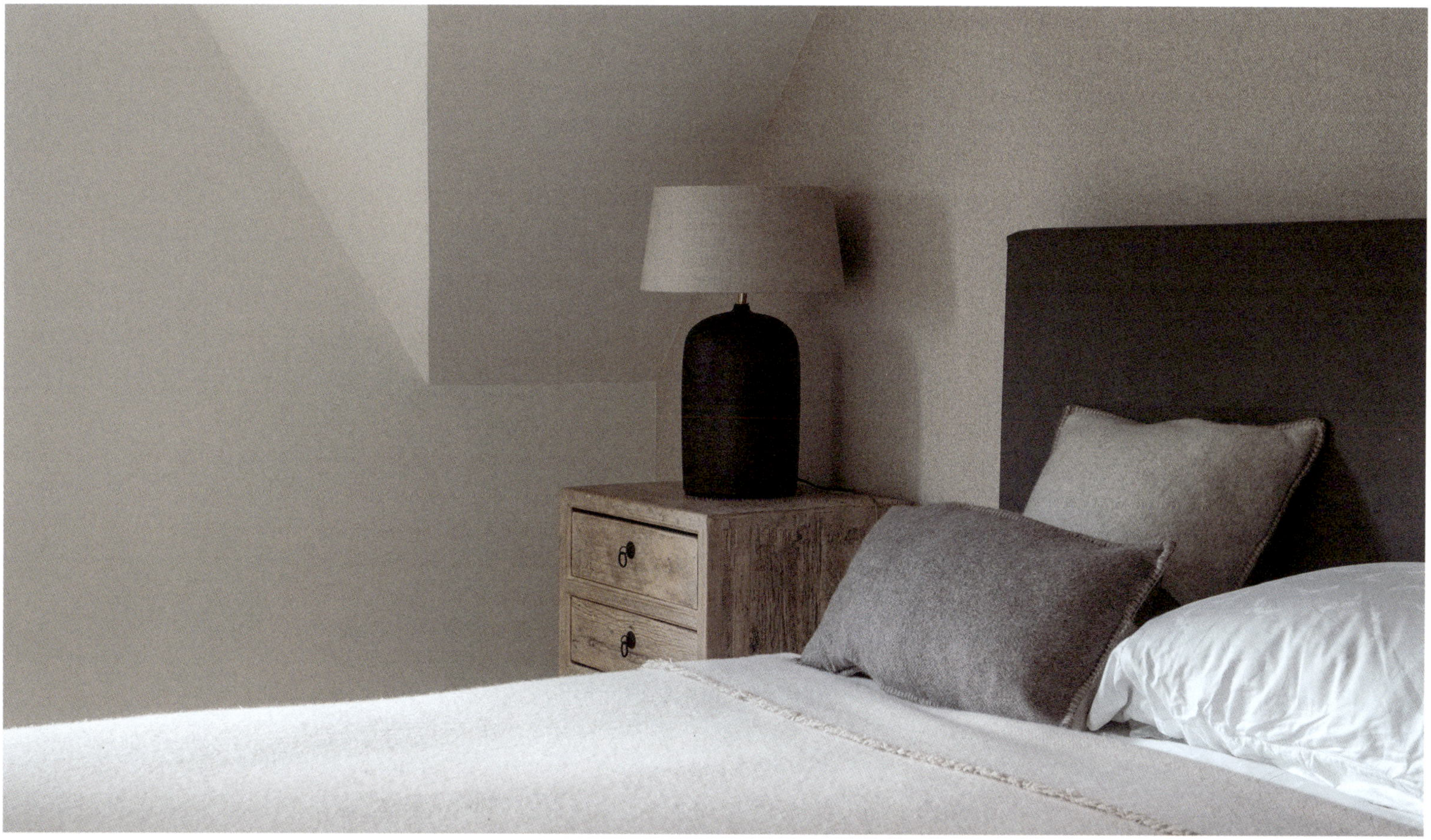

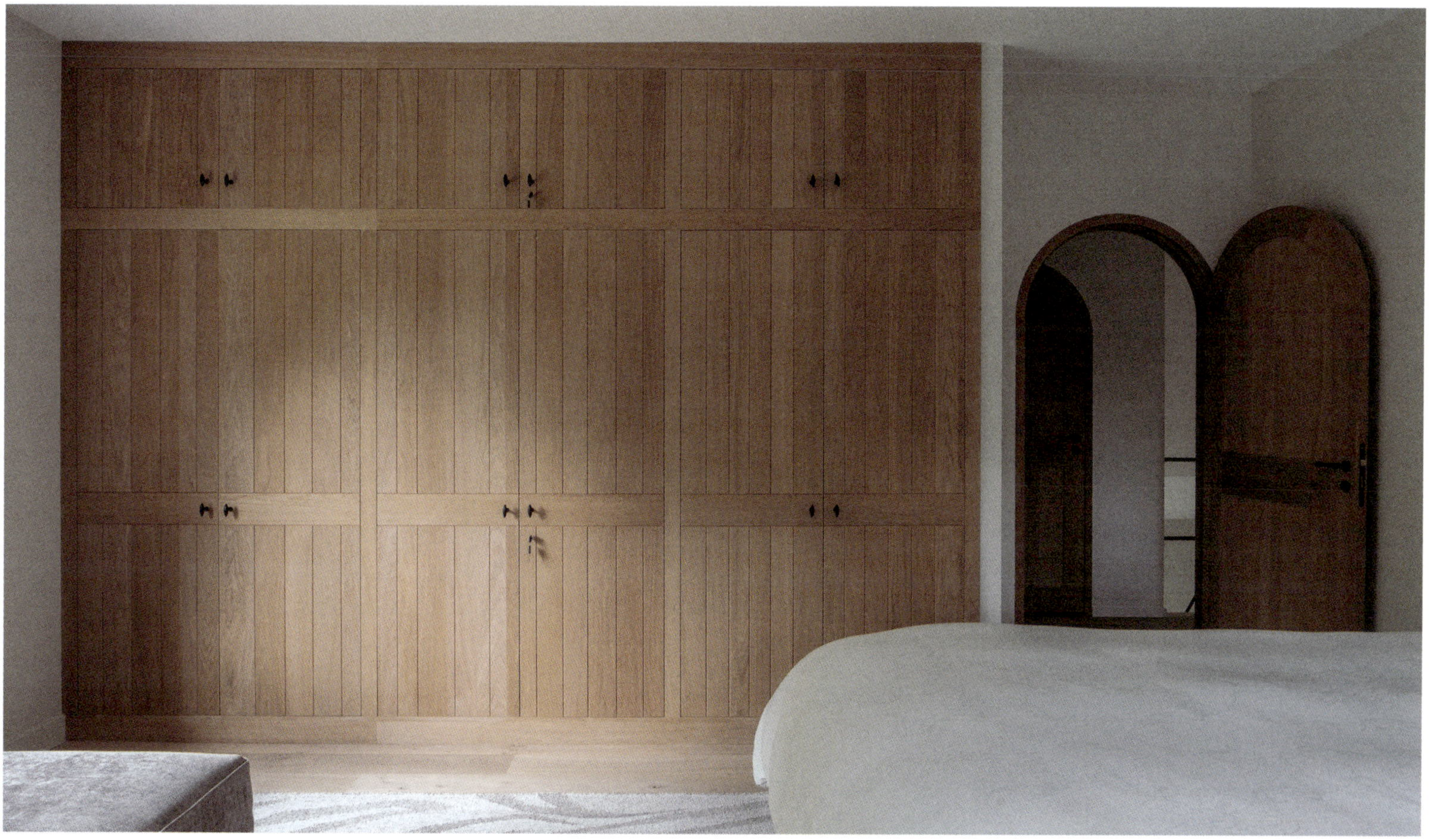

OLD AND NEW
IN PERFECT HARMONY

Brigitte Garnier has been a renowned art and antiques dealer on the Belgian Coast for more than 35 years.

Her showroom in Damme (near Bruges) displays a varied collection of furniture and objects from the 17th century to the 1950s.

The personal touch is essential for Brigitte: the special feeling that a carefully selected object or piece of furniture exudes. Quality, exclusiveness, colour and material are essential.

Since 15 years there is also the cooperation with ML Gallery: a very important addition to her projects and the opening to a new target group with a contemporary vibe.

Together with her team, Brigitte also creates beautiful total interiors, such as in this family home in Knokke, designed by architect Bart Decoster.

In the entrance hall with the open staircase and the opening to the basement, there is a work of art by Jupp Linsen and a bronze sculpture by Miguel Ybáñez. The floor was chosen at Dominique Desimpel.

In the lounge, a custom-made sofa and a unique 18th-century elm plank floor by Carlos Debeir.

The kitchen - one of Brigitte's hobbyhorses - a worktop in natural stone by Van Den Weghe on a piece of furniture in aged oak. The other made-to-measure elements in the kitchen are also in oak, but stained off-black.

In the bathrooms, limestone floors from G.U.I.D.O. and marble from Van Den Weghe.

The wine cellar and tasting room (painted in red) is covered with a Dominique Desimpel floor. Cloth walls. The blue furniture was patinated in Garnier's workshop. Old and new are in perfect harmony here ... a well-considered nonchalance ... Behind it is a sauna and a steam room - the house has a cellar.

It was a great pleasure for Brigitte to work for these clients: their enthusiasm and the detailed finish they wanted ensured a project she is very proud of and one the owners greatly enjoy.

www.garnier.be

Brigitte Garnier is al meer dan 35 jaar een gerenommeerde kunst- en antiekhandelaar aan de Belgische Kust.

Haar showroom in Damme toont een gevarieerde collectie meubilair en objecten vanaf de 17de eeuw tot de jaren 1950.

De persoonlijke toets is essentieel voor Brigitte: het bijzondere gevoel dat enkel zorgvuldig geselecteerd object of meubel uitstraalt. Kwaliteit, exclusiviteit, kleur en materie staan daarbij centraal.

Sinds 15 jaar is er ook de samenwerking met ML Gallery: een heel belangrijke toevoeging aan haar projecten én de opening naar een nieuwe doelgroep met een hedendaagse "vibe".

Samen met haar team creëert Brigitte ook prachtige totaalinterieurs, zoals in deze familiewoning in Knokke, ontworpen door architect Bart Decoster.

In de inkomhal met de open traphal en de opening naar de kelder een kunstwerk van Jupp Linsen en een bronzen sculptuur van Miguel Ybáñez. De vloer werd gekozen bij Dominique Desimpel.

In het salon een op maat gemaakte sofa en een unieke 18de-eeuwse olmen plankenvloer via Carlos Debeir.

De keuken - één van de stokpaardjes van Brigitte … - een werkblad in natuursteen van Van Den Weghe op een meubel in verouderde eiken. Ook het andere maatwerk in de keuken is in eiken, maar offblack gebeitst.

In de badkamers kalkvloeren van G.U.I.D.O. en marmer van Van Den Weghe.

De wijnkelder en degustatieruimte (in het rood geverfd) is bekleed met een vloer van Dominique Desimpel. Lemen muren. Het blauwe meubel werd in Garnier's atelier gepatineerd. Oud en nieuw zijn hier in perfecte harmonie … een weldoordachte nonchalance … Achterliggend een sauna en hamma - de woning is volledig onderkelderd.

Het was voor Brigitte een grote voldoening om voor deze opdrachtgevers te kunnen werken: hun enthousiasme en de gedetailleerde afwerking die zij wensten, stonden garant voor een project waar zij heel fier op is en waar de eigenaars veel van genieten.

---

www.garnier.be

Brigitte Garnier est un marchand d'art et antiquaire renommé sur la Côte belge depuis plus de 35 ans.

Son showroom à Damme (près de Bruges) présente une collection variée de meubles et d'objets allant du 17e siècle aux années 1950.

La touche personnelle est essentielle pour Brigitte : le sentiment particulier que dégage un objet ou un meuble soigneusement sélectionné. La qualité, l'exclusivité, la couleur et le matériau sont essentiels.

Depuis 15 ans, elle coopère également avec la galerie ML : un complément très important à ses projets et une ouverture à un nouveau groupe cible avec une «vibe» contemporaine.

Avec son équipe, Brigitte crée également de magnifiques intérieurs complets, comme dans cette maison familiale à Knokke, conçue par l'architecte Bart Decoster.

Dans le hall d'entrée avec l'escalier ouvert et l'ouverture vers le sous-sol, on trouve une œuvre d'art de Jupp Linsen et une sculpture en bronze de Miguel Ybáñez. Le sol a été choisi chez Dominique Desimpel.

Dans le salon, un canapé sur mesure et un plancher unique en planches d'orme du 18e siècle, signé Carlos Debeir.

La cuisine - un des chevaux de bataille de Brigitte - un plan de travail en pierre naturelle de Van Den Weghe sur un meuble en chêne vieilli. Les autres éléments sur mesure de la cuisine sont également en chêne, mais teintés en noir.

Dans les salles de bains, des sols en calcaire de G.U.I.D.O. et du marbre de Van Den Weghe.

La cave à vin et la salle de dégustation (peintes en rouge) sont recouvertes d'un sol de Dominique Desimpel. Murs en tissu. Le mobilier bleu a été patiné dans l'atelier de Garnier. L'ancien et le nouveau sont en parfaite harmonie ici ... une nonchalance bien pensée ... Derrière tout cela se trouve un sauna et un hammam - la maison a un sous-sol complet.

Ce fut un grand plaisir pour Brigitte de travailler pour ces clients : leur enthousiasme et la finition détaillée qu'ils souhaitaient ont permis de réaliser un projet dont elle est très fière et que les propriétaires apprécient beaucoup

---

www.garnier.be

INSPIRED
BY THE COASTLINE

Tjip is an interior design studio founded in 2012 by Jakob Vyncke and Thomas Meesschaert. The studio specialises in timeless homes and flats.

In this report they show two recent realisations: a studio in Knokke (p. 272 & p. 276-279) and the Andromeda swimming pool in Ostend (p. 280-281).

In the immediate vicinity of the luxury boutiques, cafés and restaurants and within walking distance of the Zoute beach, Tjip realised the renovation of a small flat with their well-known, restrained style and a warm and soft colour palette, cream, beige, linen, rattan, etc. The Pastellone floors are made of lime, recovered brick and natural stone. The kitchen island with integrated sink is made of Italian sandstone.

Soft fabrics filter the light, contrasting with the black taps, switches and handles. As a result, this holiday home is fresh and light in summer, but also warm and intimate in winter.

A rain shower and a marble washbasin add a luxurious touch to the bathroom.

Tjip have managed to seamlessly integrate a bathroom, kitchen, bedroom, living room and lots of storage space in a compact space, without compromising on functionality or aesthetics.

The second Tjip projet shows an austere and simple swimming pool, wellness and spa concept where relaxation is number one priority.

A monotone use of stone on the floors and walls - less is more in this space at Andromeda (Ostend). Pure lines to clear the mind - and full focus on well-being.

---

www.tjip.be

PHOTOGRAPHY: Annick Vernimmen

Tjip is een studio voor interieurarchitectuur, in 2012 opgericht door Jakob Vyncke en Thomas Meesschaert. Het bureau is gespecialiseerd in tijdloze woningen en appartementen.

In deze reportage tonen ze twee recente realisaties: een studio in Knokke (p. 272 & p. 276-279) en het Andromeda zwembad in Oostende (p. 280-281).

In de onmiddellijke omgeving van de luxe boetieks, cafés en restaurants en op wandelafstand van het Zoute strand realiseerde Tjip de renovatie van een klein appartement met hun bekende, ingetogen stijl en een warm en zacht kleurenpalet, crème, beige, linnen, rattan, ... De Pastellone vloeren zijn gemaakt uit leem, gerecupereerde baksteen en natuursteen. Het keukeneiland met geïntegreerde spoelbak is uitgevoerd in Italiaanse zandsteen.

Zachte stoffen filteren het licht, in contrast met het zwarte kraanwerk, de schakelaars en handgrepen. Daardoor is deze vakantiehuis fris en licht in de zomer, maar ook warm en intimistisch in de winter.

Een regendouche en een marmeren wastafel zorgen voor een luxe toets in de badkamer.

Tjip slaagde erin om in een compacte ruimte zowel badkamer, keuken, slaapkamer, salon en veel opbergmogelijkheden te integreren, zonder aan functionaliteit of esthetiek in te boeten.

Het tweede project van Tjip toont een sober en eenvoudig zwembad-, wellness- en spaconcept waar ontspanning op de eerste plaats komt.

Een monotoon gebruik van steen op de vloeren en muren - minder is meer in deze ruimte bij Andromeda (Oostende). Zuivere lijnen om de geest leeg te maken - en volledige focus op welzijn.

———————————

www.tjip.be

Tjip est un studio de design d'intérieur fondé en 2012 par Jakob Vyncke et Thomas Meesschaert. Le studio est spécialisé dans les maisons et appartements intemporels.

Dans ce reportage, ils présentent deux réalisations récentes : un studio à Knokke (p. 272 & p. 276-279) et la piscine Andromeda à Ostende (p. 280-281).

À proximité immédiate des boutiques de luxe, des cafés et des restaurants et à quelques pas de la plage du Zoute, Tjip a réalisé la rénovation d'un petit appartement dans le style sobre qu'on lui connaît et dans une palette de couleurs chaudes et douces, crème, beige, lin, rotin,... Les sols Pastellone sont constitués de terreau, de briques de récupération et de pierres naturelles. L'îlot de cuisine avec évier intégré est réalisé en grès italien.

Des tissus doux filtrent la lumière, en contraste avec les robinets, interrupteurs et poignées noirs. Par conséquent, cette maison de vacances est fraîche et lumineuse en été, mais aussi chaleureuse et intime en hiver.

Une douche à effet pluie et un lavabo en marbre ajoutent une touche luxueuse à la salle de bains.

Tjip a réussi à intégrer une salle de bain, une cuisine, une chambre à coucher, un salon et de nombreux rangements dans un espace compact, sans faire de compromis sur la fonctionnalité ou l'esthétique.

Le deuxième projet de Tjip présente un concept austère et simple de piscine, de bien-être et de spa où la relaxation est la priorité numéro un.

Une utilisation monotone de la pierre sur les sols et les murs – "less is more" dans cet espace chez Andromeda (Ostende). Des lignes pures pour libérer l'esprit - et une concentration totale sur le bien-être.

---

www.tjip.be

A REAL HOME
FOR A YOUNG FAMILY

Lie Ulenaers Architects took care of the thorough renovation of this house in the green area of Kortessem.

New extensions were built on the contours of the existing house. The roof of the house was completely renewed with tiles and slates. Due to the limewash technique (applied to the entire house) and the black traditional carpentry, the house now looks like one authentic whole. Here and there, oak building elements provide accents to the house.

The entire house was designed to be as open as possible to the garden at the rear.

Terraces around the house invite you to enjoy the sun at different times of the day and connect the house to the outdoor spaces as much as possible.

The house stands on a hill so that the ground floor is at garden level. On the ground floor are the relaxation areas for wine tasting, fitness and relaxation. On this floor, the residents have direct contact with the garden.

The living areas are located on the first floor. On this floor, the house is divided along two axes. On the one hand, there is the axis in the width of the house that gives a view of the garden from the front door. On the other hand, there is the axis along the length of the house that connects the music room, the reading corner, the TV corner and the dining area. Also on this floor there is a great connection with the beautiful nature surrounding the house through the many windows in all facades. The bedrooms are located under the roof on the second floor.

Only natural materials were used in the interior. In the kitchen and bathroom, natural stone tablets and floors in Carrara were chosen. The rooms are separated internally by steel glass parts up to the high ceilings in order to be able to close off certain parts (the office part, for example). The oak parquet floors in the other rooms on the first and second floors and the linen curtains give the house a warm touch. The soft pastel shades of the decoration and the many works of art of the residents make this house a real home for the young family.

---

www.architectulenaers.be

PHOTOGRAPHY: Hendrik Biegs

Lie Ulenaers Architecten zorgde voor de grondige renovatie van deze woning in het groene Kortessem.

Aan de contouren van de bestaande woning werden nieuwe uitbreidingen gebouwd. Het dak van de woning werd volledig vernieuwd met zowel dakpannen als natuurleien. Door de kalei techniek (toegepast op de volledige woning) en het zwarte traditionele schrijnwerk oogt deze nu als één authentiek geheel. Hier en daar zorgen eiken bouwelementen voor accenten aan de woning.

De volledige woning werd zo open mogelijk naar de tuin aan de achterzijde ontworpen.

Terrassen rondom de woning nodigen uit om op verschillende tijdstippen van de dag van de zon te genieten en de woning maximaal met de buitenruimtes te verbinden.

De woning staat op een heuvel waardoor de benedenverdieping op het niveau van de tuin uitkomt. Op de benedenverdieping bevinden zich de relaxruimtes voor degustatie van wijn, fitness en ontspanning. De bewoners genieten op deze verdieping van een direct contact met de tuin.

Op de eerste verdieping werden de leefruimtes gecreëerd. De woning wordt op deze verdieping ingedeeld volgens twee assen. Enerzijds is er de as in de breedte van de woning die vanuit de voordeur uitzicht geeft op de tuin. En anderzijds is er de as in de lengte van de woning die de muziekkamer, de leeshoek, de tv hoek en de eethoek met elkaar verbindt. Ook op deze verdieping is er een grote connectie met de prachtige natuur rondom de woning door de vele raampartijen in alle gevels. De slaapkamers bevinden zich onder het dak op de tweede verdieping.

In het interieur werden enkel natuurlijke materialen gebruikt. In de keuken en badkamer werd er gekozen voor natuurstenen tabletten en vloeren in Carrara. De ruimtes worden intern gescheiden door stalen glaspartijen tot tegen de hoge plafonds om bepaalde delen (het kantoorgedeelte bijvoorbeeld) te kunnen afsluiten. De eiken parketvloeren in de overige ruimtes op de eerste en tweede verdieping en de linnen gordijnen geven de woning een warme toets. De zachte pasteltinten van de decoratie en de vele kunstwerken van de bewoners maken van deze woning een echte thuis voor het jonge gezin.

www.architectulenaers.be

Lie Ulenaers Architects s'est chargé de la rénovation complète de cette maison située dans la zone verte de Kortessem.

Les nouvelles extensions ont été construites sur les contours de la maison existante. Le toit de la maison a été entièrement rénové avec des tuiles et des ardoises. Grâce à la technique du badigeonnage et à la menuiserie traditionnelle noire, la maison ressemble désormais à un ensemble authentique. Ici et là, des éléments de construction en chêne apportent des accents à la maison.

Toute la maison a été conçue pour être aussi ouverte que possible sur le jardin à l'arrière.

Les terrasses autour de la maison vous invitent à profiter du soleil à différents moments de la journée et relient autant que possible la maison aux espaces extérieurs.

La maison est située sur une colline, de sorte que le rez-de-chaussée est au niveau du jardin. Au rez-de-chaussée se trouvent les espaces de détente pour la dégustation de vin, le fitness et la relaxation. À cet étage, les résidents ont un contact direct avec le jardin.

Les espaces de vie sont situés au premier étage. À cet étage, la maison est divisée selon deux axes. D'une part, il y a l'axe dans la largeur de la maison qui donne une vue sur le jardin depuis la porte d'entrée. D'autre part, il y a l'axe dans la longueur de la maison qui relie la salle de musique, le coin lecture, le coin télévision et la salle à manger. À cet étage également, les nombreuses fenêtres de toutes les façades permettent d'établir un lien avec la belle nature qui entoure la maison. Les chambres sont situées sous le toit, au deuxième étage.

Seuls des matériaux naturels ont été utilisés à l'intérieur. Dans la cuisine et la salle de bains, des tablettes et des sols en pierre naturelle de Carrare ont été choisis. Les pièces sont séparées intérieurement par des parties en acier et en verre jusqu'aux hauts plafonds afin de pouvoir fermer certaines parties (la partie bureau, par exemple). Le parquet en chêne des autres pièces du premier et du deuxième étage et les rideaux en lin donnent à la maison une touche chaleureuse. Les douces teintes pastel de la décoration et les nombreuses œuvres d'art des résidents font de cette maison un véritable foyer pour la jeune famille.

---

www.architectulenaers.be

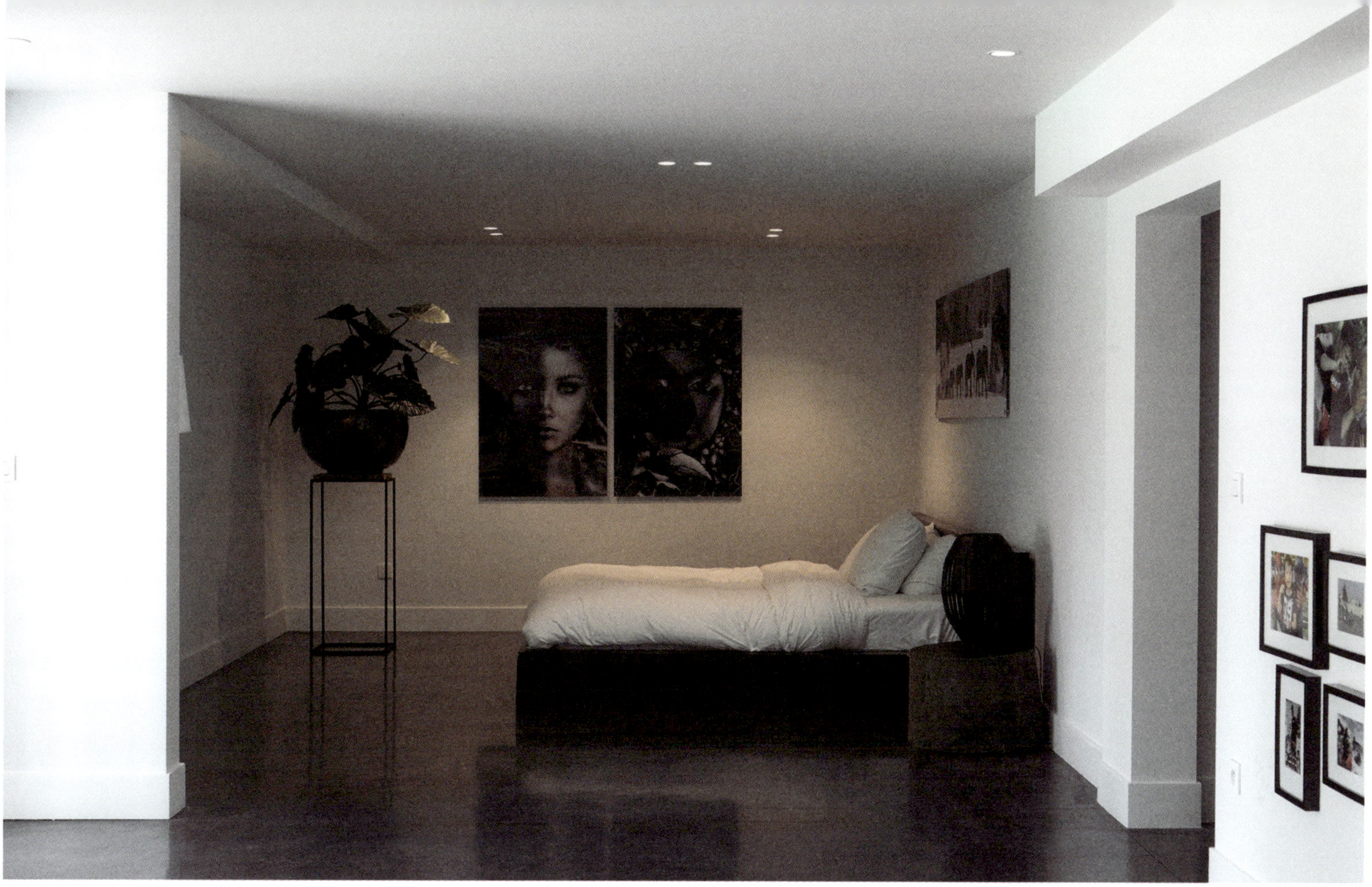

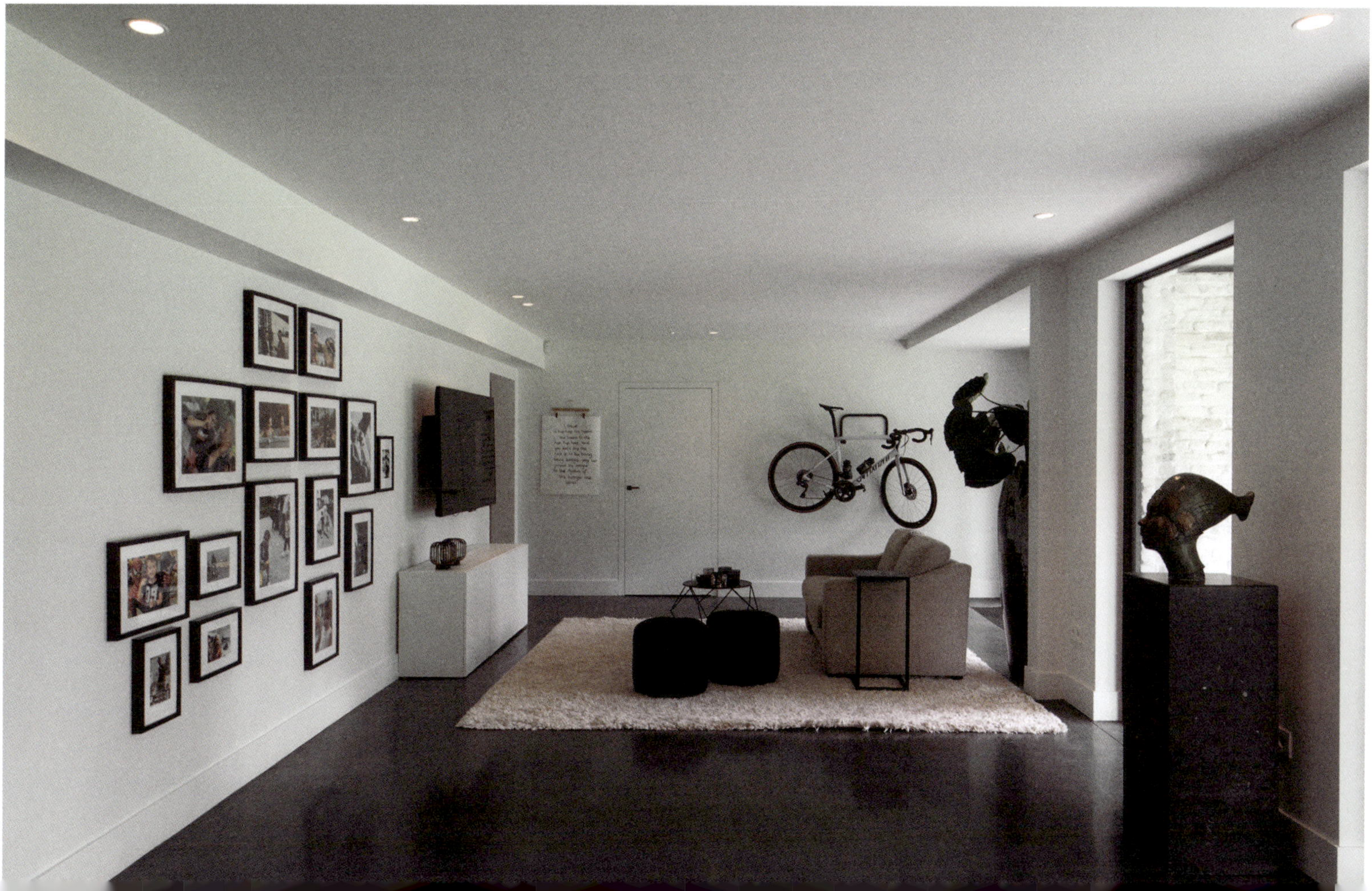

THE PRESBYTERY
OF BALEGEM

After years of vacancy, the more than one and a half century old Presbytery of Balegem was redesigned as a Bed & Breakfast by Vlaminck Van Wetter Architects in collaboration with aNNo Architects.

The protected monument, located in the Flemish Ardennes, was restored to its original state. The change of function into a B&B necessitated a contemporary interpretation of the interior spaces.

The interior has an L-structure typical of the second half of the 19th century. All rooms on the ground floor retained their stucco ceilings. The building retained its original wood-imitation joinery, marble-imitation walls and pilasters, and fireplaces.

During the restoration works, bedrooms, bathrooms and living rooms were purified into simple rooms. Space and light are optimised through the reduction of colour and material. White walls and sanded existing parquet floors are combined with cast floors and cast walls in sanitary areas.

---

www.vlaminckvanwetter.be
www.annoarchitecten.be

PHOTOGRAPHY: Tim Van de Velde

De meer dan anderhalve eeuw oude Pastorie van Balegem kreeg na jarenlange leegstand een herbestemming als Bed & Breakfast door Vlaminck Van Wetter Architecten in samenwerking met aNNo Architecten.

Het beschermd monument, gelegen in de Vlaamse Ardennen, werd gerestaureerd in zijn oorspronkelijke staat. De functiewijziging tot B&B maakte een hedendaagse invulling van de binnenruimtes noodzakelijk.

Het interieur heeft een voor de tweede helft van de 19de eeuw typische L-structuur. Alle kamers op de gelijkvloerse verdieping behielden hun stucwerk. Het pand behield zijn oorspronkelijk binnenschrijnwerk met houtimitatie, muren en pilasters met marmerimitatie en schouwen.

Tijdens de restauratiewerken werden slaapkamers, badkamers en leefvertrekken uitgezuiverd tot eenvoudige ruimtes. Ruimte en licht worden geoptimaliseerd door reductie van kleur en materiaal. Witte wanden en opgeschuurde bestaande parketvloeren worden gecombineerd met gietvloeren en gietwanden in sanitaire ruimtes.

---

www.vlaminckvanwetter.be
www.annoarchitecten.be

Après des années d'inoccupation, le presbytère de Balegem, vieux de plus d'un siècle et demi, a été réaménagé en «Bed & Breakfast» par Vlaminck Van Wetter Architects en collaboration avec aNNo Architects.

Le monument protégé, situé dans les Ardennes flamandes, a été restauré dans son état d'origine. Le changement de fonction en un B&B a nécessité une interprétation contemporaine des espaces intérieurs.

L'intérieur présente une structure en L typique de la seconde moitié du XIXe siècle. Toutes les pièces du rez-de-chaussée ont conservé leurs plafonds en stuc. Le bâtiment a conservé sa menuiserie d'origine imitant le bois, ses murs et pilastres imitant le marbre, et ses cheminées.

Pendant les travaux de restauration, les chambres, les salles de bains et les salons ont été épurés en pièces simples. L'espace et la lumière sont optimisés par la réduction des couleurs et des matériaux. Les murs blancs et les parquets existants poncés sont combinés avec des sols coulés et des murs coulés dans les zones sanitaires.

---

www.vlaminckvanwetter.be
www.annoarchitecten.be

TRUE CRAFTSMANSHIP

This report presents four recent top projects carried out by Texture Painting for renowned interior designers and architects.

On p. 308 and 312-313 an interior of Steven van Dooren where the kitchen floor was covered with Rasico (a kind of microtopping). Microtopping was also chosen for the kitchen cabinets, which provides a nice contrast with the brass on the sides of the kitchen island. Finally, the seamless, low-maintenance luxury of microtopping was also chosen for the shower. The large wall behind the fireplace is finished in Crushed Velvet. Paintwork by de Waal.

On pages 314-315, a mix of techniques in this interior by Segers in Axel Vervoordt's Kanaal in Wijnegem: painted ceilings, walls in Crushed Velvet, floors in microtopping, toilet in lime paint and kitchen in bronze finish.

The report on p. 316-319 shows the Hidden Guesthouse Hof van Roosmalen in Oud-Rekem: a renovation by architect Valerie Van der Put with floors and bathroom cladding in microtopping. On the walls, a balding technique was used over the existing stone: Crushed Velvet. In the majestic bedroom, the casing of the beds was completely done in Travertino.

And finally, on pp. 320-321, a project by Assita Dembele in Kontich in which the techniques of Texture Painting are shown to their best advantage. Microtopping was chosen both in the bathroom and on the floors. These textures create a nice balance between the elegance of the tap work and the rougher finish of the surfaces: classy and timeless. The walls on the ground floor were finished with polished concrete Travertino.

———————————

www.texturepainting.be

PHOTOGRAPHY: Charlotte van Beek

In deze reportage worden vier recente topprojecten voorgesteld, uitgevoerd door Texture Painting voor gerenommeerde interieurontwerpers en architecten.

Op p. 308 en 312-313 een interieur van Steven van Dooren waar de keukenvloer met Rasico (een soort microtopping) werd bekleed. Ook voor de keukenkasten werd geopteerd voor microtopping, wat voor een mooi contrast zorgt met het messing op de zijkanten van het keukeneiland. Tenslotte werd ook voor de douche gekozen voor de naadloze, onderhoudsvriendelijke luxe van microtopping. De grote muur achter de haard is met Crushed Velvet afgewerkt. Schilderwerken door de Waal.

Op p. 314-315 een mix van technieken in dit interieur van Segers in Axel Vervoordt's Kanaal te Wijnegem: geschilderde plafonds, wanden in Crushed Velvet, vloeren in microtopping, toilet met kalkverf en keuken in bronzen afwerking.

De reportage op p. 316-319 toont het Hidden Guesthouse Hof van Roosmalen te Oud-Rekem: een renovatie door architecte Valerie Van der Put met vloeren en badkamerbekleding in microtopping. Op de wanden werd een kaleitechniek gebruikt over de bestaande steen: Crushed Velvet. In de majestueuze slaapkamer werd de omkasting van de bedden volledig in Travertino uitgevoerd.

En op p. 320-321 tenslotte een project van Assita Dembele in Kontich waarin de technieken van Texture Painting optimaal tot hun recht komen. Zowel in de badkamer als op de vloeren werd voor microtopping gekozen. Deze texturen zorgen voor een mooi evenwicht tussen de elegantie van het kraanwerk en de ruwere afwerking van de oppervlaktes: klassevol en tijdloos. De wanden op de benedenverdieping werden afgewerkt met gepolierde beton Travertino.

---

www.texturepainting.be

Ce reportage présente quatre grands projets récents réalisés par Texture Painting pour des décorateurs d'intérieur et des architectes de renom.

Aux pages 308 et 312-313, un intérieur de Steven van Dooren où le sol de la cuisine a été recouvert de Rasico (une sorte de micro-couche). Le Microtopping a également été choisi pour les armoires de cuisine, ce qui offre un joli contraste avec le laiton sur les côtés de l'îlot de cuisine. Enfin, le luxe du microtopping, sans couture et nécessitant peu d'entretien, a également été choisi pour la douche. Le grand mur derrière la cheminée est fini en velours écrasé. Peinture par de Waal.

Aux pages 314-315, un mélange de techniques dans cet intérieur de Segers dans le Kanaal d'Axel Vervoordt à Wijnegem : plafonds peints, murs en Crushed Velvet, sols en microtopping, toilettes en peinture à la chaux et cuisine en finition bronze.

Le reportage des pages 316-319 présente «Hidden Guesthouse» Hof van Roosmalen à Oud-Rekem : une rénovation de l'architecte Valérie Van der Put avec des sols et un revêtement de salle de bain en microtopping. Sur les murs, un badigeon de chaux a été utilisée sur la pierre existante : le Crushed Velvet. Dans la majestueuse chambre à coucher, le revêtement des lits a été entièrement réalisé en Travertino.

Et enfin, aux pages 320-321, un projet d'Assita Dembele à Kontich dans lequel les techniques de la peinture de texture sont mises en valeur. Le choix s'est porté sur le microtopping, tant dans la salle de bains que sur les sols. Ces textures créent un bel équilibre entre l'élégance de la robinetterie et la finition plus brute des surfaces : classe et intemporel. Les murs du rez-de-chaussée ont été finis en béton poli Travertino.

---

www.texturepainting.be

HARMONIOUS
AND RELAXING

Originally, this house was an old farmhouse. The owners chose to renovate it with attention and respect for the original elements. In the kitchen, they chose a combination of country style with modern touches.

The retro Aga cooker in glossy black forms a beautiful whole with the back wall of the worktop. The wall is completely covered with tiles in matt white bronze (WBS) from the Pure Tiles collection by Dauby. The round furniture knobs in Aged Iron (VO) from the PURE series break up the pattern of lines in this room.

The contrast between the black fittings and the originally chosen colours makes these accessories immediately stand out. Their organic shapes reinforce the character of the natural material in which they were handmade.

The style has been maintained throughout the house. If not for the choice of the same models, then certainly for the choice of the same finish, namely aged iron.

The Pure Plus collection by Dauby brings its characteristic designs into the bathroom. The repetition of material and colour creates a harmonious and soothing whole.

Recently, Dauby introduced the exclusive FAMA Artwork range. The custom-made collection of this contemporary manufacturer from Italy is characterised by sleek designs with various unique structure finishes.

This project was realised in cooperation with Martens en Dochters.

---

www.dauby.be

PHOTOGRAPHY: Jimke Joling

Origineel was dit huis een oude boerderij. De eigenaars kozen ervoor om het pand te renoveren met aandacht en respect voor de originele elementen. In de keuken is er gekozen voor een combinatie van landelijke stijl met moderne touches.

Het retro Aga-fornuis in glanzend zwarte uitvoering vormt een mooi geheel met de achterwand van het werkblad. De muur werd volledig bezet met tegels in Mat Wit Brons (WBS) van de Pure Tiles collectie van Dauby. De ronde meubelknopjes in Verouderd Ijzer (VO) van de PURE reeks doorbreken het lijnenpatroon in deze ruimte.

Het contrast tussen het zwarte beslag en de origineel gekozen kleuren, zorgt ervoor dat deze accessoires direct in het oog springen. Hun organische vormen versterken het karakter van het natuurlijke materiaal waarin deze met de hand vervaardigd werden.

De stijl werd door het hele huis aangehouden. Is het niet met de keuze van dezelfde modellen, dan wel om pertinent voor dezelfde afwerking te opteren, namelijk het verouderd ijzer.

De Pure Plus collectie van Dauby brengt zijn kenmerkende ontwerpen tot in de badkamer. Het herhalen van materiaal en kleur zorgt voor een harmonieus en rustgevend geheel.

Sinds kort kan je bij Dauby terecht voor het exclusieve FAMA Artwork gamma. De maatwerk collectie van deze eigentijdse fabrikant uit Italië, wordt gekenmerkt door strakke ontwerpen met verschillende unieke structuur afwerkingen.

Dit project werd gerealiseerd in samenwerking met Martens en Dochters.

www.dauby.be

À l'origine, cette maison était une ancienne ferme. Les propriétaires ont choisi de la rénover avec attention et dans le respect des éléments d'origine. Dans la cuisine, ils ont opté pour une combinaison de style champêtre et de touches modernes.

La cuisinière Aga rétro en noir brillant forme un bel ensemble avec la paroi arrière du plan de travail. Le mur est entièrement recouvert de carreaux en bronze blanc mat (WBS) de la collection Pure Tiles de Dauby. Les boutons de meuble ronds en fer vieilli (VO) de la série PURE brisent le motif des lignes de cette pièce.

Le contraste entre les raccords noirs et les couleurs choisies à l'origine fait que ces accessoires se distinguent immédiatement. Leurs formes organiques renforcent le caractère du matériau naturel dans lequel ils ont été fabriqués à la main.

Ce style a été conservé dans toute la maison. Si ce n'est pas pour le choix des mêmes modèles, c'est certainement pour le choix de la même finition, à savoir le fer vieilli.

La collection Pure Plus de Dauby apporte ses motifs caractéristiques dans la salle de bains. La répétition des matériaux et des couleurs crée un ensemble harmonieux et apaisant.

Récemment, Dauby a introduit la gamme exclusive FAMA Artwork. La collection sur mesure de ce fabricant italien contemporain se caractérise par des designs épurés et des finitions de structure uniques.

Ce projet a été réalisé en collaboration avec Martens en Dochters.

————————————

www.dauby.be

331

A CONTEMPLATIVE COMPOSITION

Landscape architect Berwout Dochy (Studio Verde) was absolutely delighted when he was commissioned to design the surroundings of this Anglo-Norman country house (architecture: Villabouw Sels).

A landscape garden that unfolds dynamically around the house, where the authentic character of the façade blends effortlessly with the woody surroundings.

Once past the entrance gate, a long driveway leads the visitor enchantingly through the woods to the house. The whole thing looks large and robust, but thanks to soft landscaping, the composition has a certain playfulness about it at the same time.

Cars are hidden from view by the large masses of hedges and the walk to the house is brightened up by a beautiful flower garden.

Although the garden radiates grandeur, it hides several cosy and intimate corners. For example, by the reflecting pool, a pleasant sitting area has been created where the sun shines until the late hours.

The sloping masses of hedges in turn accompany the walk through the domain from the flower garden to the forest and back again through the flower meadow.

A contemplative composition where little was left to chance by the landscape architect, although everything feels very natural and logical.

---

www.studioverde.be

PHOTOGRAPHY: Gerrit Devinck

Landschapsarchitect Berwout Dochy (Studio Verde) was helemaal opgetogen toen hij aan de slag mocht gaan om bij dit Anglo-Normandisch landhuis (architectuur: Villabouw Sels) de omgeving te ontwerpen.

Een landschapstuin die zich dynamisch ontvouwt rond de woning, waarbij het authentieke karakter van de gevel zich moeiteloos vermengt met de bosrijke omgeving.

Eens de toegangspoort voorbij, leidt een lange oprijlaan de bezoeker sprookjesachtig doorheen het bos tot woning. Het geheel oogt groots en robuust, maar door zachte landschappelijke aankleding heeft de compositie tegelijk een zekere speelsheid in zich.

Wagens worden uit het zicht onttrokken door de grote haagmassieven en de wandel naar de woning wordt opgevrolijkt doorheen een prachtige bloementuin.

Hoewel de tuin een grootsheid uitstraalt, verbergt deze meerdere gezellige en intieme hoekjes. Zo is er bij het spiegelbad een aangename zithoek gecreëerd waar de zon tot in de late uurtjes schijnt.

De glooiende haagmassieven begeleiden op hun beurt de wandeling doorheen het domein van bloementuin tot in het bos en terug doorheen de bloemenweide.

Een contemplatieve compositie waar weinig aan het toeval is overgelaten door de landschapsarchitect, hoewel alles zeer natuurlijk en logisch aanvoelt.

www.studioverde.be

L'architecte paysagiste Berwout Dochy (Studio Verde) était absolument ravi lorsqu'il s'est attelé à la conception des environs de cette maison de campagne anglo-normande (architecture : Villabouw Sels).

Un jardin paysager qui se déploie de manière dynamique autour de la maison, où le caractère authentique de la façade se fond sans effort dans l'environnement boisé.

Une fois le portail d'entrée franchi, une longue allée conduit le visiteur de manière enchanteresse à travers les bois jusqu'à la maison. L'ensemble a l'air grand et robuste, mais grâce à un aménagement paysager doux, la composition présente en même temps un certain aspect ludique.

Les voitures sont cachées par les grandes masses de haies et la promenade jusqu'à la maison est égayée par un beau jardin de fleurs.

Bien que le jardin rayonne de grandeur, il cache plusieurs coins intimes et confortables. Par exemple, près de la piscine réfléchissante, un agréable coin salon a été créé où le soleil brille jusqu'à des heures tardives.

Les masses inclinées des haies accompagnent à leur tour la promenade à travers le domaine, du jardin de fleurs à la forêt, puis à nouveau à travers la prairie fleurie.

Une composition contemplative où peu de choses ont été laissées au hasard par l'architecte paysagiste, bien que tout semble très naturel et logique.

---

www.studioverde.be

DOUBLE DUTCH

Two different Dutch interior designers. Both captured by talented Dutch interior photographer, Ralph Reniers, whose style perfectly reflects the ambiance and aesthetically pleasing compositions of inspiring interiors.

On pages 344 and 348-349 an 18th century apartment in the Jordan Area of Amsterdam, home to internationally acclaimed design couple "Nicemakers". The redesigned space is a wonderful collection of custom designs; such as a day bed and a dresser, artwork and many treasured items unearthed at antique and vintage markets such as the dining area's wall light installation.

On pages 350 and 351 a design by high-end interior designer Martijn Veldman, whereby the ceiling and walls in walls in dark shades, give the elegant Versailles floor in the living room of this monumental villa the attention it deserves.

The restored panelling and fireplace offer an exciting, harmonious contrast with the timeless Italian furniture, executed in rich materials. The dressing room feels like an exclusive boutique with warm materials such as walnut, brushed brass brass and linen. The «his and hers» are separated by the sideboard, upholstered in deep red velvet, above which the slender and minimalist chandelier floats under the original ceiling ornaments for an eclectic whole.

----

www.nicemakers.com
www.martijnveldman.com

Twee verschillende Nederlandse interieurontwerpers. Beide vastgelegd door de getalenteerde Nederlandse interieur fotograaf, Ralph Reniers, wiens stijl perfect de sfeer en esthetisch aangename composities van inspirerende interieurs weergeeft.

Op pagina 344 en 348-349 een 18de-eeuws appartement in de Jordaan van Amsterdam, de thuisbasis van het internationaal geprezen design echtpaar «Nicemakers». De heringerichte ruimte is een prachtige verzameling van op maat gemaakte ontwerpen, zoals een dagbed en een dressoir, kunstwerken en veel kostbare voorwerpen die zijn opgegraven op antiek- en vintage markten, zoals de wandverlichting in de eethoek.

Op pagina's 350 en 351 een ontwerp van high-end interior designer Martijn Veldman, waarbij het plafond en muren in donkere tinten, de elegante Versailles vloer in de living van deze monumentale villa de aandacht geven die zij verdient.

De gerestaureerde lambrisering en schouw biedt een spannend, harmonieus contrast met de tijdloze Italiaanse meubelen, uitgevoerd in rijke materialen. De kleedkamer voelt als een exclusieve boetiek met warme materialen als notenhout, geborsteld messing en linnen. De "his and hers" worden gescheiden door het dressoir, bekleed in dieprode velours, waarboven de ranke en minimalistische kroonluchter zweeft onder de originele plafond ornamenten voor een eclectisch geheel.

---

www.nicemakers.com
www.martijnveldman.com

Deux designers d'intérieur néerlandais différents. Tous deux ont été capturés par le talentueux photographe d'intérieur néerlandais, Ralph Reniers, dont le style rend parfaitement l'atmosphère et les compositions esthétiques d'intérieurs inspirants.

Aux pages 344 et 348-349, un appartement du XVIIIe siècle dans le quartier de Jordaan à Amsterdam, où vit le couple de designers de renommée internationale «Nicemakers». La pièce redécorée est une belle collection de créations sur mesure, telles qu'un lit de jour et un buffet, d'œuvres d'art et de nombreux objets précieux dénichés dans des marchés d'antiquités et de vintage, comme les appliques murales de la salle à manger.

Aux pages 350 et 351, un design de l'architecte d'intérieur haut de gamme Martijn Veldman, dans lequel le plafond et les murs dans des tons foncés donnent à l'élégant sol Versailles du salon de cette villa monumentale toute l'attention qu'il mérite.

Les lambris et la cheminée restaurés offrent un contraste passionnant et harmonieux avec le mobilier italien intemporel, exécuté dans de riches matériaux. Le dressing ressemble à une boutique exclusive avec des matériaux chaleureux comme le noycr, le laiton brossé et le lin. Les «siens» sont séparés par la commode, tapissée de velours rouge profond, au-dessus de laquelle le lustre mince et minimaliste flotte sous les ornements originaux du plafond pour un ensemble éclectique.

―――――――――――――

www.nicemakers.com
www.martijnveldman.com

THE TRUE STARS
OF ANY ROOM

«I found I could say things with color and shapes that I couldn't say any other way... things I had no words for.»
(Georgia O'Keeffe)

Blasco creates designs that change the superfluous for the essential, pieces that become more and more beautiful with the passage of time, and that create unique and welcoming environments. Their 75 years guarantee the quality and the know-how of their upholstery artisans.

Blasco falls in love with their creations due to their uniqueness, their refined proportions, their beauty and great comfort. Sofas and armchairs that become, with their own identity, the true stars of any room.

Blasco continues to shape the home world with pioneering designs and manufacture innovations of upholstered furniture, their pieces are chosen by the most prestigious interior designers in Europe.

In this report, several Blasco sofas are presented in projects by renowned interior designers.

The project on pages 354 & 358 is by Paloma Joyful Homes.

———————————

www.byblasco.com

PHOTOGRAPHY: Felipe Scheffel Bell (p. 354 and 358) / Thomas De Bruyne (Cafeine) (p. 359-361)

"I found I could say things with color and shapes that I couldn't say any other way... things I had no words for."
(Georgia O'Keeffe)

Blasco maakt ontwerpen die het overbodige veranderen voor het essentiële, stukken die met het verstrijken van de tijd steeds mooier worden en die unieke en gastvrije omgevingen creëren. Hun 75 jaar ervaring garanderen de kwaliteit en de knowhow van hun meubelmakers.

Blasco wordt verliefd op hun creaties vanwege hun uniciteit, hun verfijnde proporties, hun schoonheid en grote comfort. Banken en fauteuils die, met hun eigen identiteit, de echte sterren van elke kamer worden.

Blasco blijft de thuiswereld vormgeven met baanbrekende ontwerpen en innovaties van gestoffeerde meubels vervaardigen. Hun stukken worden gekozen door de meest prestigieuze interieurontwerpers in Europa.

In deze reportage worden verschillende Blasco-fauteuils getoond in projecten van gerenommeerde interieurontwerpers.

Het project op p. 354 & 358 is van Paloma Joyful Homes.

---

www.byblasco.com

"I found I could say things with color and shapes that I couldn't say any other way... things I had no words for."
(Georgia O'Keeffe)

Blasco crée des designs qui changent le superflu pour l'essentiel, des pièces qui deviennent de plus en plus belles avec le temps, et qui créent des environnements uniques et accueillants. Leurs 75 ans d'expérience garantissent la qualité et le savoir-faire de leurs artisans du rembourrage.

Blasco tombe amoureux de leurs créations en raison de leur caractère unique, de leurs proportions raffinées, de leur beauté et de leur grand confort. Des canapés et fauteuils qui deviennent, avec leur propre identité, les véritables stars de n'importe quelle pièce.

Blasco continue de façonner le monde de la maison avec des conceptions pionnières et des innovations de fabrication de meubles rembourrés, leurs pièces sont choisies par les designers d'intérieur les plus prestigieux d'Europe.

Dans ce reportage, plusieurs canapés Blasco sont présentés dans des projets de designers mondialement reconnus.

Le projet aux pages 354 & 358 est signé Paloma Joyful Homes.

---

www.byblasco.com

PURITY IN BEAUTY

"To create something exceptional, your mindset must be relentlessly focused on the smallest detail."

Tekna is a renowned designer and production house of lighting fixtures. Tekna's top Belgian design is internationally appreciated thanks to the unique combination of quality materials and a high level of finishing. The company therefore wants to continue to evolve and stimulate its customers with innovative, exclusive designs.

There is a certain purity in beauty. A genuineness, straight from the heart, which Tekna always wants to express in her designs. That is why they invariably manufacture all their luminaires from pure materials - mainly brass, because it is a valuable material with special properties that lends itself perfectly to forging, but also bronze, copper, aluminum, natural stone and glass. Tekna combines strong, traditional working methods with a timeless character. A successful recipe that exudes simplicity, functionality and elegance. Tekna is strongly committed to decorative lighting with the Nautic and Arton collections. Each is the ultimate eye-catcher for an interior. In addition, Tekna also offers an architectural line, Flatspot, a lighting range consisting of a wide range of spots with unique properties.

Recently, Tekna has launched several luminaires in collaboration with GioBagnara: Tekna meets Italian leather.

Elegant, unique but above all exclusive. The collection rests on these pillars and is unique in its sector. With this collection, we want to surprise Tekna lovers with quality and detail. Transform any space into a dynamic landscape of light and texture. Mix & match different colour tones and stitching, all to create your personal masterpiece, carefully handmade and assembled.

In this report a selection from the Tekna collections: Kembleford Pendant (p. 364), Marquesse GioBagnara (p. 368), Aldwych 1M / Annet Gauze / Mercer / Minor / Walcott GioBagnara/ Walcott Twin GioBagnara / Blakes Table Lamp / Walcott, Spreaderlight with house number (p. 369), Ilford Wall (p. 370), Annet, Creed & Essex (p. 371).

---

www.tekna.be

PHOTOGRAPHY: Tekna / Thibault De Schepper (p. 371)

"To create something exceptional, your mindset must be relentlessly focused on the smallest detail."

Tekna is een gerenommeerd ontwerper en productiehuis van verlichtingsarmaturen. Het op en top Belgisch design van Tekna wordt internationaal gesmaakt dankzij de unieke combinatie van kwalitatieve materialen en een hoge afwerkingsgraad. Het bedrijf wil dan ook blijven evolueren en haar klanten prikkelen met vernieuwende, exclusieve designs.

In schoonheid schuilt een zekere puurheid. Een echtheid, recht uit het hart, die Tekna in haar ontwerpen steeds tot uiting wil brengen. Daarom vervaardigen ze al hun armaturen steevast uit pure materialen - voornamelijk messing, omdat het een waardevol materiaal met bijzondere eigenschappen is dat zich perfect leent voor smeedwerk, maar ook brons, roodkoper, aluminium, natuursteen en glas. Tekna combineert sterke, ambachtelijke werkwijzen met een tijdloos karakter. Een succesvol recept dat eenvoud, functionaliteit én sierlijkheid uitstraalt. Tekna zet sterk in op decoratieve verlichting met de Nautic en Arton collecties. Stuk voor stuk dé ultieme eyecatcher voor een interieur. Hiernaast biedt Tekna ook een architecturale lijn aan, Flatspot, een verlichtingsgamma dat bestaat uit een breed gamma spots met unieke eigenschappen.

Sinds kort zijn er ook enkele armaturen in samenwerking met GioBagnara: «Tekna meets Italian leather».

Elegant, uniek maar bovenal exclusief. De collectie rust op deze pijlers en is uniek in zijn sector. Met deze collectie willen we Tekna liefhebbers verrassen met kwaliteit en detail. Verander elke ruimte in een dynamisch landschap van licht en textuur. Mix & match verschillende kleurtonen en stiknaden, alles om uw persoonlijk meesterwerk te creëren, zorgvuldig met de hand gemaakt en geassembleerd.

In deze reportage een greep uit de Tekna collecties: Kembleford Pendant (p. 364), Marquesse GioBagnara (p. 368), Aldwych 1M / Annet Gauze / Mercer / Minor / Walcott GioBagnara/ Walcott Twin GioBagnara / Blakes Table Lamp / Walcott, Spreaderlight with house number (p. 369), Ilford Wall (p. 370), Annet, Creed & Essex (p. 371).

---

www.tekna.be

"Pour créer quelque chose d'exceptionnel, votre état d'esprit doit être constamment concentré sur le moindre détail."

Tekna est une maison de conception et de production renommée de luminaires. Le meilleur design belge de Tekna est apprécié internationalement grâce à la combinaison unique de matériaux de qualité et d'un haut niveau de finition. L'entreprise souhaite donc continuer à évoluer et stimuler ses clients avec des designs innovants et exclusifs.

Il y a une certaine pureté dans la beauté. Une authenticité, tout droit venue du coeur, que Tekna veut toujours exprimer dans ses créations. C'est pourquoi ils fabriquent invariablement tous leurs luminaires à partir de matériaux purs - principalement du laiton, car c'est un matériau précieux aux propriétés spéciales, parfait pour la ferronnerie, mais aussi le bronze, le cuivre, l'aluminium, la pierre naturelle et le verre. Tekna combine des méthodes de travail fortes et traditionnelles avec un caractère intemporel. Une recette réussie qui respire la simplicité, la fonctionnalité et l'élégance. Tekna est fortement engagé dans l'éclairage décoratif avec les collections Nautic et Arton. Chacun est le parfait accroche-regard pour un intérieur. En outre, Tekna propose également une ligne architecturale, Flatspot, une gamme d'éclairage composée d'une large gamme de spots aux propriétés uniques.

Récemment, Tekna a développé quelques luminaires en collaboration avec GioBagnara. «Tekna meets Italian leather».

Élégant, unique mais surtout exclusif. La collection repose sur ces piliers et est unique dans son secteur. Avec cette collection, nous voulons surprendre les amateurs de Tekna par la qualité et les détails. Transformez tout espace en un paysage dynamique de lumière et de texture. Mélangez et associez différents tons de couleurs et de coutures, pour créer votre chef-d'œuvre personnel, soigneusement fabriqué et assemblé à la main.

Dans ce reportage, une sélection des collections Tekna : Kembleford Pendant (p. 364), Marquesse GioBagnara (p. 368), Aldwych 1M / Annet Gauze / Mercer / Minor / Walcott GioBagnara/ Walcott Twin GioBagnara / Blakes Table Lamp / Walcott, Spreaderlight with house number (p. 369), Ilford Wall (p. 370), Annet, Creed & Essex (p. 371).

---

www.tekna.be

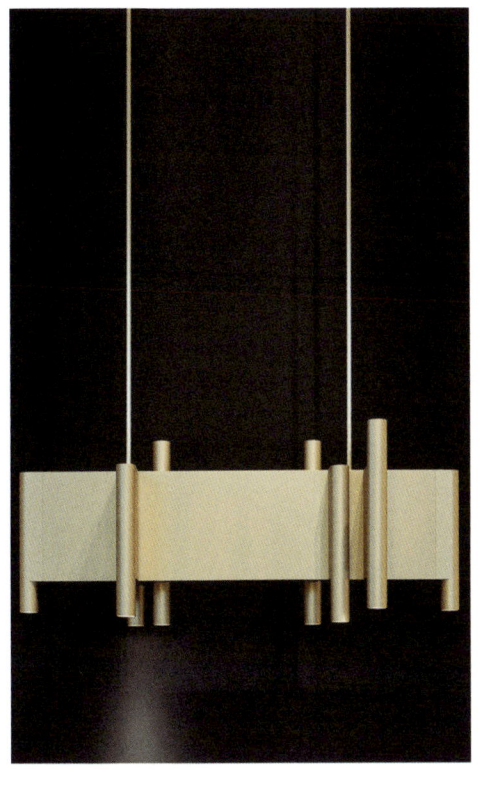

GENTLE RESTORATION OF A 100 YEAR-OLD FARMHOUSE

An empty, 100-year-old farmhouse in Hamont (Belgian Limburg) with a great location and wonderful view was transformed into a unique holiday home by Lie Ulenaers Architects.

The farmhouse had been empty for a few years - the owners live in the street and had been in love with the property for years.

The basis of the original house with the upstairs room at the front was preserved and the stables were converted. A small extension in black oiled cedar planking was added to extend the kitchen and sitting area.

The original barn was retained and also finished with the same black boards and a thatched roof on the old original construction.

The windows were recreated identically with the same profiling in the original positions, and in front of the new openings, the windows were placed in black steel frames to clearly show the distinction.

In the opening of the old gate of the haylofts, a glass-steel construction was added, housing the common dining area, which offers a beautiful view of the old oak tree.

Each room of the holiday home has its own bathroom.

The kitchen and sitting areas were soberly designed as communal areas for the residents. The ceramic creations are made by the owner of the farm. The old oak beams, the bricks, the interior doors and the cement tiles were recovered. For the new interventions, raw steel was often chosen.

Black, white and oak set the basic tone among the soft tones of the furnishings.

———————————————

www.architectulenaers.be

PHOTOGRAPHY: Hendrik Biegs

Een leegstaand boerderijtje in Hamont (Belgisch Limburg) van 100 jaar oud met een geweldige ligging en prachtig uitzicht werd door Lie Ulenaers Architecten omgetoverd tot een unieke vakantiewoning.

De hoeve stond al een paar jaar leeg - de eigenaars wonen in de straat en waren al jaren verliefd op het domein.

De basis van het oorspronkelijke woonhuis met de opkamer vooraan werd behouden en de stallen werden verbouwd. Een kleine uitbreiding in zwart geoliede ceder beplanking werd aangebouwd voor de uitbreiding van de keuken en het zitgedeelte.

De oorspronkelijke schuur bleef behouden en ook afgewerkt met dezelfde zwarte beplanking en een rieten dak op de oude oorspronkelijke constructie.

De ramen werden identiek met dezelfde profilering hermaakt op de oorspronkelijke posities en voor de nieuwe openingen zijn de ramen in zwart stalen kaders geplaatst om het onderscheid duidelijk weer te geven.

In de opening van de oude poort van de hooizolders kwam een glazen stalen constructie met de gemeenschappelijke eetruimte die een prachtig uitzicht biedt op de oude eik.

Elke kamer van de vakantiewoning heeft haar eigen badkamer.

De keuken en de zithoekjes werden sober vormgegeven als gemeenschappelijke ruimtes voor de bewoners. De keramieken creaties zijn van de hand van de eigenares van de boerderij. De oude eiken balken, de bakstenen, de binnendeuren en de cementtegels werden gerecupereerd. Voor de nieuwe ingrepen werd vaak voor ruw staal geopteerd.

Zwart, wit en eik zetten de basistoon tussen de zachte tonen van de aankleding.

---

www.architectulenaers.be

Une ferme centenaire vide à Hamont (Limbourg belge), très bien située et offrant une vue magnifique, a été transformée en une maison de vacances unique par Lie Ulenaers Architects.

La ferme était vide depuis quelques années - les propriétaires habitent dans la rue et sont amoureux de la propriété depuis des années.

La base de la maison originale avec la chambre à l'étage à l'avant a été préservée et les écuries ont été converties. Une petite extension en planches de cèdre huilé noir a été ajoutée pour prolonger la cuisine et le coin salon.

La grange d'origine a été conservée et également finie avec les mêmes planches noires et un toit de chaume sur l'ancienne construction d'origine.

Les fenêtres ont été recréées à l'identique avec le même profilage dans les positions d'origine, et devant les nouvelles ouvertures, les fenêtres ont été placées dans des cadres en acier noir pour bien marquer la distinction.

Dans l'ouverture de l'ancienne porte des greniers à foin, une construction en verre et acier a été ajoutée, abritant la salle à manger commune, qui offre une belle vue sur le vieux chêne.

Chaque chambre de la maison de vacances dispose de sa propre salle de bains.

La cuisine et le salon ont été conçus sobrement comme des espaces communs pour les résidents. Les créations en céramique sont réalisées par le propriétaire de la ferme. Les anciennes poutres en chêne, les briques, les portes intérieures et les carreaux de ciment ont été récupérés. Pour les nouvelles interventions, l'acier brut a souvent été choisi.

Le noir, le blanc et le chêne donnent le ton de base parmi les tons doux de l'ameublement.

---

www.architectulenaers.be

379

UNIQUE
PARQUET FLOORS

Corvelyn has been the specialist in exclusive wooden floors, antique or new, for over thirty years. The family business currently has the largest stock of antique wood in the whole of Europe.

In this report Corvelyn shows two recent projects.

Pages 388 & 392-397: The residents of this house on the outskirts of Brussels love art and tranquillity. In this contemporary home, Corvelyn's plank floors complete the picture. Oak plank floors of 30 cm width were installed throughout the house.

These wide planks can perfectly be placed on underfloor heating. All planks have a tight u-joint that nicely accentuates the width of the planks. After installation these planks were aged using products developed by Corvelyn itself after years of research. The ageing of the plank floors ensures that the oak does not yellow. The maintenance is very simple with a vegetable soap. Corvelyn can also apply this ageing to oak staircases, doors, rafters, etc. In this home, the graying creates a timeless look in a soothing harmony with the other materials and the beautiful art.

Pages 398-399: Brigitte and Luc Leroi from In Tempo finished this home to perfection and chose Corvelyn's grey plank floors because they best suited the serene look they wanted.

———————————

www.corvelyn.be

PHOTOGRAPHY: Jo Pauwels (p. 388 and 392-397) / Fabian Rouwette (p. 398-399)

Corvelyn is al meer dan dertig jaar dé specialist in exclusieve plankenvloeren, antiek of nieuw. Het familiebedrijf beschikt momenteel over de grootste voorraad antiek hout in gans Europa.

In deze reportage toont Corvelyn twee recente projecten.

Pagina's 388 & 392-397: De bewoners van deze woning aan de rand van Brussel houden van kunst en rust. In deze hedendaagse woning maken de plankenvloeren van Corvelyn het plaatje compleet. Doorheen de ganse woning werden eiken plankenvloeren van 30 cm breed geplaatst.

Deze brede planken kunnen perfect op vloerverwarming geplaatst worden. Alle planken zijn voorzien van een strak u-voegje die de breedte van de planken mooi accentueert. Na de plaatsing werden deze plankenvloer vergrijsd met de producten die Corvelyn zelf ontwikkelde na jarenlange research. De vergrijzing van de plankenvloeren zorgt ervoor dat het eiken niet vergeelt. Het onderhoud is erg eenvoudig met een plantaardige zeep. Deze vergrijzing kan door Corvelyn tevens toegepast worden op eiken trapbekledingen, deuren, spanten enz. De vergrijzing zorgt in deze woning voor een tijdloze uitstraling in een rustgevende harmonie met de andere materialen en de prachtige kunst.

Pagina's 398-399: Brigitte en Luc Leroi van In Tempo werkten deze woning af tot in de puntjes en kozen voor de vergrijsde plankenvloeren van Corvelyn omdat deze het best passen in de door hen beoogde, serene uitstraling.

———————————————

www.corvelyn.be

Corvelyn est le spécialiste des sols en bois exclusifs, anciens ou neufs, depuis plus de trente ans. L'entreprise familiale possède actuellement le plus grand stock de bois ancien de toute l'Europe.

Dans ce rapport, Corvelyn présente deux projets récents.

Pages 388 & 392-397 : Les habitants de cette maison située dans la banlieue de Bruxelles aiment l'art et la tranquillité. Dans cette maison contemporaine, les sols en planches de Corvelyn complètent le tableau. Des sols en planches de chêne de 30 cm de large ont été installés dans toute la maison.

Ces planches larges peuvent parfaitement être placées sur un chauffage par le sol. Toutes les planches ont un joint en U serré qui accentue joliment la largeur des planches. Après leur installation, ces planches ont été vieillies à l'aide de produits développés par Corvelyn lui-même après des années de recherche. Le vieillissement des planchers en planches fait en sorte que le chêne ne jaunisse pas. L'entretien est très simple avec un savon végétal. Corvelyn peut également appliquer ce vieillissement aux escaliers, portes, chevrons, etc. en chêne. Dans cette maison, la grisaille crée un look intemporel en harmonie apaisante avec les autres matériaux et les magnifiques œuvres d'art.

Pages 398-399 : Brigitte et Luc Leroi de In Tempo ont réalisé une finition parfaite de cette maison et ont choisi les sols en planches grises de Corvelyn parce qu'ils correspondaient le mieux à l'aspect serein qu'ils souhaitaient.

---

www.corvelyn.be

PUBLISHER
BETA-PLUS nv/sa
Avenue Louise 367
B-1050 Brussels
www.betaplus.com

DESIGN
Patrick Pierre

© December 2021, BETA-PLUS